LES

# PÈLERINAGES

DES

ENVIRONS DE PARIS

— —

TOME DEUXIÈME

LE PUY. — TYPOGRAPHIE M.-P. MARCHESSOU.

LE TOUR DU MONDE RELIGIEUX

DEUXIÈME SÉRIE

# LES
# PÈLERINAGES
## DES ENVIRONS DE PARIS

PAR

M. L'ABBÉ F. R. SALMON

CHANOINE HONORAIRE DE CHALONS

VICAIRE A SAINT-PIERRE DE CHAILLOT

SAINT-DENIS. — LONGCHAMP.
NOTRE-DAME DE BOULOGNE. — SAINT-CLOUD.
LE MONT-VALÉRIEN. — LA SAINTE TUNIQUE. — NOTRE-
DAME DES VERTUS. — SAINT-MAUR LES FOSSÉS
ET NOTRE-DAME DES MIRACLES.
NOTRE-DAME DE BONNE-GARDE DE PARIS A VERSAILLES,
A SAINT-GERMAIN, A MANTES.
LE PÈLERINAGE DE SAINT-SPIRE. — NOTRE-DAME
DE PONTOISE.
LE PÈLERINAGE DE BRANCY. — LE PÈLERINAGE DE
NOTRE-DAME DES ANGES.

PARIS
VICTOR PALMÉ, LIBRAIRE-ÉDITEUR
25, RUE DE GRENELLE-SAINT-GERMAIN, 25

—

1874

# DÉCLARATION

L'auteur soussigné, voulant se soumettre entièrement au décret porté par la Sacrée-Congrégation et renouvelant la déclaration qu'il a faite précédemment, remet purement et simplement son ouvrage au jugement du Saint-Siége et à la correction de l'Église catholique, apostolique et romaine, dont il est et veut rester à jamais le fils très-soumis.

Paris, 18 septembre 1874.

# LES PÈLERINAGES

## DES ENVIRONS DE PARIS

### Saint-Denis, le tombeau et la basilique.

Il est temps de revenir aux corps sacrés des martyrs pour voir comment le Seigneur les a gardés et de quels honneurs il les a entourés. Nous les avons laissés ensevelis à six milles de Paris dans un champ appartenant à une païenne nommée Catulla qui ne tarda pas à se convertir. Quand la moisson qui avait dérobé aux recherches des persécuteurs la sépulture des saints eût été recueillie et que la paix eût été, pour quelques temps du moins, rendue à l'Eglise, Catulla fit élever un mausolée au lieu où ces restes précieux avaient été déposés [1].

---

1. *Act. Passion. SS. Martyr. Dyon., Rust., Eleut.*

Bien des contestations se sont élevées au sujet de l'emplacement de cette sépulture. En écartant les opinions qui n'ont aucune bonne raison en leur faveur, celle de Launoy qui place arbitrairement le tombeau de l'apôtre au lieu où s'élevait autrefois l'église de Saint-Denys-du-Pas, celle de Tillemont qui voit dans Chaillot, le *Catulliacum* ou *Vicus Catulliacensis* où les actes disent que les martyrs furent ensevelis, celle du P. Toussaint Duplessis qui cherchait cet endroit dans la rue qui porte à Paris le nom du saint évêque, nous sommes inévitablement conduits à la ville qui, depuis le septième siècle au moins s'appelle Saint-Denis, et qui se nommait auparavant *Catulliacum* du nom de cette femme qui y conserva, dans son domaine, les corps des saints martyrs. La distance de cette ville à la capitale est bien, à peu de chose près, celle qui est indiquée dans les Actes. Ce fut là, certainement, que sainte Geneviève assez voisine encore du temps de saint Denis se rendit fréquemment en pèlerinage, là qu'elle fit élever, pour honorer le tombeau du martyr, une petite église dont le roi Dagobert devait, plus tard, faire une superbe basilique. Toutefois, il serait difficile d'affirmer avec une entière certitude que la sépulture primitive de saint Denis ait été précisément à la place même où s'élève la basilique.

Qu'on se représente, pour se faire une idée de l'ancien *Catolacum* ou *Catulliacum*, une vaste plaine marécageuse séparée en deux par la voie romaine qui allait de Paris à Pontoise et qu'on trouve mentionnée, dans l'Itinéraire d'Antonin, sous le nom de *Strata*. A gauche, en venant de Lutèce, on rencontrait d'abord un petit village qui est devenu plus tard Saint-Denis de l'Estrée, de *Stratâ;* plus loin, sur la droite, un autre village, ou plutôt une propriété, *villa,* appartenant à Catulla. Suivant certains auteurs, la sépulture primitive des martyrs aurait été sur le territoire de Saint-Denis de l'Estrée, où Catulla pouvait avoir un champ séparé de sa propriété par la voie romaine. Il est certain qu'il y eût là, jusqu'au dix-huitième siècle, une église de ce nom. Le témoignage de l'auteur anonyme des Gestes de Dagobert qui ne jouit pas d'une grande autorité a donné naissance à cette opinion. Selon lui, ce monarque fit élever sa basilique à quelque distance de l'église bâtie par sainte Geneviève et non pas sur son emplacement, il y fit prendre les corps des martyrs qui y reposaient et leur donna le nouveau temple pour asile comme un monument plus digne de leur gloire. Cependant, l'opinion la plus commune et la mieux appuyée croit que la basilique actuelle qui remplace au même lieu celle de Dagobert est située sur le terrain du champ de Catulla, à l'endroit où elle avait fait construire le mausolée qui servit de tombeau aux saints martyrs.

La piété des fidèle, ne tarda pas à se manifester par de fréquentes visites au monument, qui commencèrent bien avant les premières invasions des

Francs et durèrent tout le temps de la domination romaine. Elles furent, dès ce moment, récompensées par de nombreux miracles. Le tombeau qu'avait élevé Catulla dura jusqu'aux jours du roi Clovis. A cette époque, il était en ruines, soit qu'il eût été ravagé dans les guerres de la conquête franque, soit que le temps déjà eût eu raison de sa construction peu solide apparemment.

Sainte Geneviève qui vivait alors avait une très-grande dévotion pour les saints de son pays, elle comptait qu'ils ne laisseraient pas leur œuvre inachevée, et que leur intercession obtiendrait du Seigneur l'entière conversion des Gaulois et des Francs. Nous l'avons déjà vue au tombeau de saint Martin de Tours [1], mais celui de saint Denis était bien plus à sa proximité et nous savons par l'auteur anonyme de sa vie qu'elle s'y rendait souvent en pèlerinage. Elle partait de Paris avec quelques pieuses compagnes bien avant l'aurore, surtout en hiver ; elle portait alors un flambeau pour se diriger dans sa route. Les peintres et les sculpteurs du moyen-âge n'ont pas négligé ce détail, ils ont même volontiers mêlé la légende à l'histoire et nous ont montré la sainte tenant à la main le flambeau que le démon cherchait à éteindre. Dans une statue de la sacristie du lycée Bonaparte, le malin esprit s'est placé sur l'épaule de sainte Geneviève, mais de l'autre côté se tient

---

[1]. Les grands pèlerinages, tom. II. p. 138.

l'ange protecteur de la lumière et de l'âme de la sainte.

Geneviève était affligée cependant de voir qu'il n'y eut pas une église sur le tombeau de l'apôtre de Paris. Elle voulait qu'on en fît une. Elle en parla à quelques prêtres de la ville qui lui objectèrent qu'il n'y avait pas de chaux dans le pays. Mais, le prêtre Génésius en ayant découvert comme par miracle, sur les indications de sainte Geneviève, on commença de suite les travaux et, grâce à de nombreux prodiges opérés à la prière de la sainte, l'œuvre fut terminée en 496.

Les années qui suivirent la mort de Clovis furent troublées par les guerres de ses fils et ne durent pas être favorables au sanctuaire qu'avait élevé sainte Geneviève. On y venait cependant de toutes les Gaules. Saint Marius, abbé de Bodane, y arriva vers cette époque avec le sénateur Agricola. Il y tomba malade, mais ce fut une épreuve passagère, car il eut un songe dans lequel saint Denis lui apparut et il se trouva subitement guéri.

Autant la bénédiction de Dieu se répandait visiblement sur ceux qui s'approchaient avec respect du sanctuaire des saints martyrs, autant sa vengeance était prompte contre ceux qui ne le respectaient pas. Grégoire de Tours raconte qu'un officier de l'armée de Sigebert alors en guerre avec Chilpéric, tenté par une cupidité sacrilége, déroba un voile tissu de soie et d'or qui recouvrait le saint tombeau. Un instant après, son domestique se noya en traversant la Seine, et deux cents livres d'or qu'il avait dans sa barque furent englouties avec lui. L'officier effrayé courut remettre à sa place le voile qu'il avait pris; il n'en mourut pas moins dans l'année. — Un autre soldat voulut dérober une colombe d'or suspendue au-dessus du tombeau; ce devait être, selon toute apparence, le vase sacré qui contenait les saintes espèces, car telle était la forme qu'on lui donnait alors. A peine fut-il monté sur le tombeau, que les deux pieds lui glissèrent à la fois; il tomba sur sa pique, qui le traversa de part en part.

L'église de Saint-Denis était déjà le centre d'une communauté de religieux riche et florissante. Une noble dame, nommée Théodetrude, lui fit don de trois terres importantes, à condition que son nom serait inscrit sur le livre de vie de l'abbaye et qu'elle serait ensevelie dans l'église, honneur qui était réservé aux évêques et aux grands personnages.

En l'année 580, tandis que le roi Chilpéric était au palais de Brissacum, entre Paris et Soissons, un enfant de quatre mois qu'il avait eu de Frédégonde vint à mourir. Le roi fit porter son corps à Saint-Denis et demanda qu'il y fut enseveli. C'est à cette lointaine époque de notre histoire que les sépultures royales ont commencé à venir se placer sous la protection du premier évêque de Paris; ainsi fut ouverte cette marche funèbre où tant de princes et de monarques allaient suivre cet enfant royal dans les caveaux de Saint-Denis, pour y dormir du sommeil de la mort.

Clotaire II, en 589, fit don au monastère d'un domaine considérable. Mais ce fut surtout son fils, Dagobert, qui signala sa piété envers saint Denis par des largesses inouïes. Ses libéralités dépassèrent tout ce qu'on avait vu et laissèrent à jamais un souvenir reconnaissant dans les annales de l'abbaye. Dom Félibien, dans son histoire, ne trouve pas d'expressions pour exprimer la magnificence de Dagobert. Non-seulement il fit construire la maison abbatiale, la dota de très-beaux revenus, lui fit donner cent têtes de bétail, et lui en assura autant chaque année, mais il prodigua ses trésors pour l'érection de la superbe basilique qui dut remplacer l'église bâtie par sainte Geneviève.

Les circonstances auxquelles se rattache la fondation de la royale abbaye de Saint-Denis ont été religieusement consignées par l'auteur anonyme, mais contemporain, qui a écrit les *Gesta Dagoberti*. Elles sont intéressantes et curieuses au point de vue de la légende et des mœurs historiques, et méritent d'être racontées.

Le fils de Clotaire II et de la pieuse reine Bertrade n'était pas encore monté sur le trône qu'il devait illustrer par ses exploits. Il était jeune, dans toute l'ardeur de sa nature généreuse; c'était en l'année 615. Il y avait ce jour-là grande chasse à courre dans les forêts voisines de Paris. Un magnifique cerf était lancé ; la meute depuis plusieurs heures poursuivait le noble animal, qui avec une agilité étonnante se dérobait à leurs atteintes. On touchait au *Vicus Catulliacus*. Le cerf s'élance à travers la rue du village, trouve toute grand ouverte la porte de la chapelle que sainte Geneviève avait élevée sur le tombeau de saint Denis, s'y précipite, et dans cet asile, fait tête aux chiens, les tient à distance jusqu'au moment où Dagobert y arrive. Le jeune prince se persuada que les célestes patrons de l'oratoire avaient pris sous leur protection l'hôte innocent des bois, il fit respecter le droit d'asile en sa faveur, et le laissa aller sain et sauf.

Il allait venir bientôt lui-même chercher un abri contre la colère de son père dans l'inviolabilité de la sainte demeure. Un ministre de Clotaire II, Sadrégisèle, duc d'Aquitaine, ose insulter un jour le jeune Dagobert. Le Mérovingien, la rage dans le cœur, ne trouve aucun moyen de se venger sur l'heure, tant est grand le crédit du ministre. Il dissimule, paraît avoir tout oublié ; et un jour que Clotaire II est absent, il invite à sa table Sadrégisèle, qui eut l'imprudence d'accepter et qui reçut un châtiment pire que la mort. Qu'on se figure le ministre fouetté au sang par les serviteurs de Dagobert, puis tondu et rasé, ce qui était la pire de toutes les humiliations, et chassé honteusement du palais. L'imprudent jeune homme n'avait écouté que son ressentiment et s'était bien gardé de prendre avis de son gouverneur, saint

Arnoul, évêque de Metz, pour cette folle équipée.
Quand le roi vit en quel état on avait mis son malheureux favori, sa fureur n'eut plus de bornes. Il fit appeler sur l'heure le jeune prince, disposé à lui infliger un châtiment exemplaire. Mais Dagobert n'eut garde d'obéir, et s'enfuit à toute bride au Vicus Catulliacus, où il s'enferma dans la chapelle de saint Denis. Là, prosterné sur le pavé, il implora l'assistance du glorieux patron des Gaules. Sa prière fut entendue. Le sommeil ferma ses yeux, et trois personnages vêtus de blanc lui apparurent dans une auréole de lumière. L'un d'eux prit la parole et lui dit.
« Jeune Franc, nous sommes les serviteurs du Christ, Denis, Rustique et Eleuthère. Tu sais que nous avons souffert le martyre pour son nom, et que nos corps reposent en ce lieu jusqu'ici trop négligé. Si tu t'engages à glorifier notre tombeau et notre mémoire, nous te délivrerons du péril et nous serons toujours tes intercesseurs auprès de Dieu. » Dagobert se réveilla et promit avec joie de s'employer tout entier à glorifier les saints tombeaux. Les messagers de Clotaire arrivèrent un instant après pour s'emparer du fugitif, mais une force invisible les arrêta sur le seuil du saint asile. Le roi y vint lui-même, éprouva la même résistance et demeura cloué au sol. Son cœur s'adoucit en présence d'un tel prodige, il pardonna au coupable, et put entrer dès ce moment dans la chapelle miraculeuse, où il vint s'agenouiller auprès de son fils sur la tombe des saints martyrs.

En reconnaissance d'un si grand bienfait, Dagobert crut devoir un temple magnifique à l'honneur de saint Denis et de ses compagnons, et rien ne fut épargné pour le rendre tel. S'il faut en croire les anciens écrivains, ce fut une vraie merveille. Aimon rapporte que l'église de Dagobert surpassait en magnificence toutes celles qui existaient dans les Gaules. C'étaient des colonnes de marbre qui en soutenaient les voûtes, des dalles de marbre qui en formaient le pavé. Les murs à l'intérieur n'étaient point recouverts de peintures ou de mosaïques; un nouveau genre de décoration leur était appliqué; c'étaient de magnifiques tentures de fines draperies tissues d'or et de soie qui les recouvraient entièrement [1].

Il est difficile de dire avec précision ce qu'on put faire en ces âges de décadence, même avec le plus grand désir d'élever un superbe monument. L'architecte ne reproduisait alors que les formes les plus défectueuses et les plus lourdes du style romain. Si les murs avaient été bien remarquables, il est probable qu'on n'eût pas été obligé de les couvrir de tapisseries. Le peu de durée qu'eut l'édifice ne nous donne pas l'idée d'une construction bien magnifique. Il est à croire, toutefois, que l'autel et le tombeau de saint Denis, dont les décorations avaient été confiées à saint Eloi, furent bien supérieurs au monu-

---

1. Aimonius, *De obitu Dagoberti.*

ment. Eloi était un habile orfèvre. La description que saint Ouen nous a laissée du travail de son ami marque une œuvre d'une sérieuse valeur. C'était, au rapport du saint évêque, un tombeau de marbre, construit dans la forme des autres tombeaux; il se terminait par un dôme soutenu sur des colonnes. La façade en était très-riche, l'or et les pierreries en rehaussaient l'éclat. L'autel placé en avant, aux pieds des saints martyrs, était revêtu d'une boiserie couverte de feuilles d'or d'où sortaient une multitude de pommes d'or entremêlées de perles; le haut de l'autel était recouvert d'argent. Il n'y avait rien de plus beau dans aucune église.

La basilique eut, au dire de la légende, l'insigne honneur d'être consacrée de la main de Notre-Seigneur, comme le furent plus tard celles d'Einsidlen et de Notre-Dame-de-Vaux en Poitou.

La psalmodie y fut réglée comme à Saint-Martin-de-Tours et comme à Saint-Maurice-du-Valais. On avait reçu des reliques de ces deux saints; une maison attenante au monastère fut construite pour les recevoir, et l'on bâtit en même temps un hôpital pour les pèlerins.

Toutes ces largesses avaient bien mérité à Dagobert l'honneur qu'il réclama d'être enseveli à Saint-Denis auprès du tombeau des saints martyrs, où Nanthilde, son épouse, vint le rejoindre quelques années après. Elles lui valurent quelque chose de mieux encore, au dire des chroniqueurs. Le salut du monarque, dont la vie n'avait pas toujours été exemplaire, eût été fort compromis, si saint Denis ne l'eût tiré d'affaire. Ces données légendaires se sont conservées fidèlement : elles sont reproduites dans le tombeau de Dagobert, monument très-curieux du treizième siècle qu'on voit encore aujourd'hui dans la basilique de Saint-Denis. On y voit l'âme du roi, sous la figure d'un enfant couronné, entraînée dans une barque par les démons qui la maltraitent; elle est arrachée de leurs mains par les saints martyrs, qui l'enlèvent dans un linceul et l'emportent vers les cieux.

Au temps où Pépin le Bref écartait du trône les rois fainéants de la dynastie mérovingienne, la France reçut, en la personne d'Etienne II, la première visite pontificale. Le pape s'était fixé à l'abbaye de Saint-Denis. Il y tomba malade, et bientôt on désespéra de ses jours. Mais, comme il le raconte lui-même dans une de ses bulles, il se fit porter dans l'église. Il y eut un songe dans lequel il vit saint Denis lui apparaître avec les deux apôtres Pierre et Paul. « Le bienheureux Denis s'approcha de moi, dit-il, ayant en main une palme et un encensoir, et il me dit : « La « paix soit avec toi, mon frère, ne crains rien, tu ne « mourras pas avant d'être retourné à ton siége, « lève-toi, car tu es guéri. Tu devras dédier cet au- « tel à Dieu en l'honneur de ses apôtres Pierre et « Paul que tu vois ici, et y célébrer ensuite des mes- « ses en actions de grâces. » Je me levai en effet entièrement guéri, et pus accomplir ce qui m'avait été prescrit. »

Dans la messe qu'il célébra, le pape donna l'onction royale à Pépin, à Berthe son épouse, et à ses deux fils Charles et Carloman. L'abbé de Saint-Denis était alors Fulrad, homme d'action et d'une grande influence, qui tient sa place dans l'histoire et qui avait joué un rôle considérable dans l'élévation de Pépin au trône. Avec l'aide du nouveau monarque, l'abbé entreprit de faire reconstruire la basilique : l'œuvre de Dagobert déjà touchait à sa ruine. On ne conserva qu'une faible partie des anciennes murailles, par respect pour la consécration divine qui leur avait été donnée, disait-on. Comme on tenait cette fois à faire un monument durable, on bâtit lentement, et le roi mourut bien avant que l'église fut achevée. Chef d'une nouvelle race qui avait chassé du trône les Mérovingiens, il n'en voulut pas moins reposer auprès d'eux à l'abri des murs du sanctuaire de Saint-Denis. Toutes les rivalités disparaissent devant la mort. Par un acte d'humilité chrétienne, le monarque demanda d'être enseveli au seuil de la porte, la face tournée contre terre. Ses vœux furent exaucés, et son corps demeura à cette place jusqu'au jour où saint Louis le fit porter dans le chœur, auprès des restes mortels des autres rois.

Quelques années plus tôt, le fameux Charles Martel, bien qu'il ne fut que maire du palais, avait eu les honneurs d'une sépulture royale à Saint-Denis. Sa victoire sur les Sarrasins l'en rendait bien digne. Elle eut dû pareillement recommander sa mémoire auprès de ses contemporains ; mais, en certaines circonstances, le vainqueur avait méconnu les droits de l'Eglise, le peuple d'alors était trop religieux pour l'oublier aisément. On racontait que saint Eucher, ayant obtenu de visiter le séjour des damnés, y avait reconnu Charles Martel; on disait encore qu'on avait ouvert son tombeau quelques années après sa mort, et qu'on avait vu son âme en sortir sous la forme d'un grand dragon noir. La postérité a été plus indulgente envers l'illustre maire du palais : elle a placé son nom au premier rang parmi les héros chrétiens.

Charlemagne poursuivit et termina avec Fulrad l'œuvre commencée par son père. Sous l'action du grand monarque, l'architecture a, comme tous les arts, semblé prendre une vie nouvelle. Le monde a fait effort pour s'arracher aux derniers éléments de la barbarie. Des maîtres intelligents ont rapporté d'Italie les principes de l'architecture lombarde, ils en ont fait l'application à Saint-Denis avec un véritable succès.

La nouvelle basilique, étant achevée, fut consacrée en présence du roi, le 24 février 775. Il ne reste plus aujourd'hui de l'œuvre carlovingienne que quelques piliers qui se trouvent vers le milieu de la crypte.

Le culte de saint Denis était de plus en plus florissant ; de nombreux pèlerinages témoignaient de la confiance et de la piété des populations chrétiennes, en même temps que les miracles se multipliaient au tombeau du saint martyr.

Un seigneur, nommé Gondebaud, avait été complice du meurtre de saint Lambert que le comte Dodon avait fait lâchement assassiner. La vengeance divine ne perdait pas de vue les meurtriers. Gondebaud était en proie au remords ; il avait été frappé subitement d'un mal qui l'avait rendu boiteux. Déjà il était allé en pèlerinage à Rome pour l'expiation de son crime. Il vint à Saint-Denis, y fut miraculeusement guéri et y recouvra la paix. Touché de la grâce, il voulut se consacrer au Seigneur, il fut reçu dans le monastère et il en devint abbé.

Les reliques de saint Denis étaient, comme on doit bien le penser, l'objet de la plus haute vénération. Charlemagne ne voulut pas s'engager dans son expédition de l'année 796 contre les Saxons, sans en être accompagné. Ceux qui avaient le bonheur d'en obtenir quelques parcelles estimaient avoir reçu un trésor incomparable. Ce fut avec des transports de joie et un enthousiasme indescriptible qu'on accueillit à l'abbaye de Fleury celles que Boson, son abbé, y apporta. L'huile de la lampe qui brûlait devant le saint tombeau était miraculeuse. Une femme d'Angers, nommée Doctrude, était aveugle : elle en mit quelques gouttes à ses yeux et recouvra la vue.

Il faut se contenter d'effleurer ces faits trop nombreux pour qu'il soit possible de les citer. Charles le Chauve a succédé à Charlemagne. Hilduin, l'auteur des *Aréopagitiques*, est abbé de Saint-Denis. Les Normands ont envahi nos contrées ; ils approchent de Paris. Hilduin se hâte d'emporter les saintes reliques à l'abbaye de Ferrières ; il reconnaît bientôt qu'elles n'y sont pas en sûreté et le précieux trésor est dirigé vers une destination qui nous est inconnue. Hilduin meurt à Soissons en 842, il est enseveli dans l'église de Saint-Médard. Quatre ans après sa mort, les Normands se présentent de nouveau aux portes de Paris. Charles le Chauve, qui a fait fortifier l'église et l'abbaye de Saint-Denis, y vient chercher asile. Les barbares n'osèrent pas en approcher. Mais les religieux avaient eu peur que leur église ne fût incendiée comme celles de Paris ; ils avaient pris leurs précautions pour sauver les reliques et les avaient portées à Nogent-sur-Seine. L'abbaye, d'ailleurs, n'était pas si bien défendue qu'elle fût imprenable. En 865, elle tomba au pouvoir des Normands, fut saccagée et dépouillée de tout ce que les religieux n'avaient pas mis hors de l'atteinte des barbares.

A la dernière apparition des Normands, en 887, ce fut à Reims qu'on alla chercher un refuge avec les châsses des saints martyrs. L'archevêque Foulques accueillit les fugitifs. Ils demeurèrent trois ans chez lui et fondèrent une abbaye qui prit le nom de leur patron. L'abbé de Saint-Denis, Robert, fut le parrain de Rollon, quand le chef des hommes du Nord consentit à recevoir le baptême à Rouen. Les Normands convertis réparèrent d'ailleurs leurs pillages d'autrefois par les libéralités qu'ils firent aux églises et par leur empressement à bâtir des monuments religieux.

La plupart des rois ou empereurs de la seconde race avaient été, comme leurs prédécesseurs de la dynastie mérovingienne, ensevelis à Saint-Denis ; Hugues Capet, qui fonda la troisième race, y reçut aussi la sépulture.

Quelque temps après, vers l'an 1050, il y eut, au sujet du corps de saint Denis, un curieux débat entre les Allemands et les Français. Les religieux du monastère de Saint-Emmerand, près de Ratisbonne, avaient, en creusant des fondations, trouvé un corps qu'ils prétendirent — on ne sait trop pourquoi — être celui de l'apôtre de Paris. Les moines de Saint-Emmerand affirmaient que les restes de saint Denis l'Aréopagite avaient été autrefois apportés chez eux, qu'ils les avaient gardés et soigneusement cachés. Comme à cette époque la question de l'Aréopagitisme avait pleinement triomphé en France, grâce au livre d'Hilduin, et que la question n'était plus même discutée, si les prétentions des moines étaient fondées, la France se trouvait par là même dépossédée de son patron [1]. Le fait fut accepté dans toute l'Allemagne, spécialement par l'évêque de Ratisbonne et par l'empereur Henri II qui se rendit en cette ville pour y assister à la reconnaissance solennelle des reli-

---

1. *De translatione corporis S. Dionysii Areopagitæ e Gallia in Bavariam.* Auctore Johanne Baptistâ.

ques. Il paraît même que le pape Léon IX était sur le point d'y aller. Cependant les ambassadeurs du roi de France, qui avait été invité, représentèrent à l'empereur qu'il serait prudent d'envoyer tout d'abord à l'abbaye de Saint-Denis voir si les reliques du saint patron n'étaient pas dans leur tombeau. L'empereur se décida, sur l'avis du pape, à suivre ces conseils, et fit partir des envoyés chargés d'éclaircir cette affaire.

Il fut décidé qu'on procéderait à l'ouverture publique des châsses des saints martyrs. L'abbé Hugues convoqua pour le 7 juin les évêques et les grands du royaume, l'évêque de Ratisbonne et les religieux de Saint-Emmerand. La cérémonie eut lieu en présence d'un nombre prodigieux de princes, de prélats et d'abbés. Les trois châsses d'argent furent, à l'issue de l'office, apportées devant le frère du roi, les seigneurs et les évêques. L'intégrité des scellés ayant été constatée, on les brisa, et, dans les châsses ouvertes, les trois corps furent trouvés intacts. Celui de saint Denis enveloppé dans un tissu qui tombait en poussière — tant il était vieux — exhalait une suave odeur. Le roi avait donné un voile de pourpre dans lequel il fut enveloppé de nouveau : une procession solennelle avec les châsses eut lieu dans l'église. Le roi, après s'être confessé, y vint faire son pèlerinage et rendre grâces à Dieu. L'acte du procès-verbal déposé dans les châsses portait, entre autres signatures, celles de Guy, archevêque de Reims ; de

Robert, archevêque de Cantorbéry ; d'**Imbert**, évêque de Paris ; d'Elinand de Laon, de Beaudoin de Noyon, des abbés de Saint-Denis, de Marmoutiers, de Fécamp, etc. Pour le moment, les religieux de Saint-Emmerand durent abandonner la partie, mais ils devaient renouveler plus tard leurs prétentions en 1385.

Saint-Denis avait atteint l'apogée de sa grandeur ; il allait s'y maintenir longtemps encore. Nulle part on n'eût su voir un plus brillant concours de prélats, de rois et de papes. Sous le seul règne de Louis VI, on n'y compta pas moins de six papes. Trois d'entre eux y célébrèrent les fêtes de Pâques. Pascal II ouvrit la marche pontificale, en 1106. Il était venu en France demander assistance contre l'empereur d'Allemagne. Les ambassadeurs du roi, parmi lesquels se trouvait le célèbre Suger, le reçurent au prieuré de la Charité-sur-Loire. Quelque temps après, le souverain Pontife était au tombeau de saint Denis, y répandait ses prières et ses larmes et demandait comme une faveur qu'on lui donnât quelques fragments des vêtements du saint martyr.

En l'année 1124, eut lieu à Saint-Denis la première levée d'oriflamme dont il soit fait mention dans l'histoire. L'empereur Henri V d'Allemagne avait déclaré la guerre à Louis le Gros. Le roi fit appel à ses milices et à ses communes et se trouva bientôt à la tête de deux cent mille hommes. Après avoir communié à Notre-Dame, Louis VI se rendit à Saint-Denis, suivi d'un nombreux cortége.

L'oriflamme qu'il venait y prendre était une très-ancienne bannière appendue dans le chœur au-dessus des châsses des trois martyrs. « C'était, d'après l'inventaire de dom Doublet, un étendard d'un sandal épais, fendu par le milieu en forme de gonfanon, fort caduque, enveloppé d'un bâton couvert de cuivre doré et un fer longuet aigü au bout. » On en a donné des descriptions quelque peu différentes, et cela se conçoit : l'étendard s'usait ; il fallait remplacer tantôt la hampe, tantôt l'étoffe, qui d'ordinaire était de couleur écarlate, semée d'étoiles d'or, taillée en trois pointes avec des houppes vertes. L'oriflamme était comme le *palladium* de la France. On ne sait rien de son origine. Quelques écrivains, pour expliquer le respect qu'on avait pour la sainte bannière, ont dit qu'elle était venue du ciel.

Suger, qui, depuis deux ans, était abbé de Saint-Denis, la bénit en récitant une oraison qu'on trouve encore dans un antique manuscrit de l'abbaye; il la remit au roi qui, après la messe, la confia au plus vaillant chevalier de son armée, sans doute au comte du Vexin ; c'était son privilége, et les rois de France, quand ils la portèrent eux-mêmes, le firent à ce titre ; car le Vexin ne tarda pas à être annexé à la couronne. Celui qui reçut l'oriflamme fit le serment de la défendre au péril de sa vie et de la rapporter au lieu où il l'avait prise. Le roi sortit de la basilique au milieu des acclamations des hommes d'armes et du peuple : « Montjoye et Saint-Denys ! » Ce fut désormais le cri national, le cri de guerre, d'allégresse et de victoire.

L'empereur d'Allemagne qui avait déjà envahi la France, n'attendit pas que l'armée du roi l'eût atteint, et se retira précipitamment. Louis VI revint à Saint-Denis où, depuis son départ, on avait prié jour et nuit en présence des saintes reliques exposées ; il y rendit de solennelles actions de grâces et voulut reporter lui-même, sur ses épaules, dans leurs sanctuaires, les châsses des saints protecteurs de son royaume.

Suger, depuis qu'il était abbé, travaillait avec l'énergie de sa volonté et la prudence de ses vues à la réforme devenue nécessaire de son abbaye. Ayant réussi dans cette œuvre importante, il en voulut entreprendre une autre. La basilique de Pépin et de Charlemagne ne répondait plus ni au goût de l'époque ni aux magnificences des cérémonies pontificales qu'on avait à y célébrer souvent. Suger en avait jugé ainsi lorsque le pape Innocent II, en 1131, y présidait aux fêtes de Pâques. Il songea donc à la faire reconstruire entièrement. Il fit venir de toute l'Europe des ouvriers de toutes sortes, tailleurs de pierres, charpentiers, fondeurs de vitres, orfèvres, etc. et l'on se mit à l'œuvre. On voulait aller vite et terminer promptement. En sept années, de 1137 à 1144, on avait agrandi tout l'édifice, construit le chevet avec ses neuf chapelles, élevé le transept et commencé les quatre tours angulaires de ses extrémités. Derrière l'autel, au chevet de l'église, un mausolée avait été construit pour recevoir les châsses des martyrs qui jusque-là étaient restées dans la crypte. L'autel de porphyre gris, avec une table d'or, toute couverte de pierreries, était d'une magnificence exceptionnelle. Une première consécration, en l'année 1140, avait été donnée au monument, en présence du roi, par Hugues, archevêque de Tours, et par Manassès, évêque de Meaux. Il en reçut une seconde plus solennelle en 1147. On y ouvrit les châsses d'argent, les saintes reliques furent portées en procession et déposées ensuite dans le nouveau mausolée. Suger parle beaucoup dans ses lettres de la magnificence de son œuvre, du choix des matériaux et des riches ornements qui la décorent. Il paraît toutefois qu'il sacrifia trop la solidité de l'édifice à l'éclat de l'ornementation. Les fondations étaient mauvaises. La façade surtout était une pauvre construction qui ne pouvait durer ; mais les verrières étaient superbes, beaucoup de merveilleux travaux, des œuvres d'art, des ciselures en fer, en argent et en or, produisaient un coup d'œil extraordinaire. Pourtant la nouvelle basilique, à part le narthex et les bas côtés de l'abside, n'avait de vie que pour cent ans.

En attendant, les grandes cérémonies, les réceptions royales et pontificales, les levées d'oriflamme, les sépultures des rois, les processions avec les châsses, s'y faisaient beaucoup mieux. Il y avait assez d'espace pour qu'on pût y déployer toute la pompe religieuse. Dans les calamités publiques, les saintes reliques étaient portées en procession et la confiance des populations chrétiennes était souvent récompensée par des faits miraculeux. L'historien de Philippe-Auguste en rapporte plusieurs exemples. Le fils du roi étant tombé dangereusement malade, on apporta les reliques de saint Denis à Saint-Lazare, où l'évêque de Paris vint les recevoir. Pour la première fois, en cette circonstance, le saint-clou que Charles le Chauve avait donné à l'abbaye accompagna les châsses. On fit toucher au jeune prince les saintes reliques, et il se trouva guéri.

Il est encore fait mention de la résurrection d'un enfant qui eut lieu vers cette époque. Cet enfant, qui venait de mourir le jour de la fête de saint Denis, fut porté à l'église et mis sur l'autel. Il se leva un instant après, plein de vie, en présence de toute l'assistance. Le pèlerinage était, on le conçoit, dans toute sa splendeur. Dix lampes brûlaient nuit et jour devant les châsses, et l'affluence y était toujours très-considérable. L'abbaye, d'ailleurs, était devenue, depuis la réforme de Suger, un foyer de vie chrétienne et de charité évangélique. Les immenses richesses qu'elle possédait recevaient le plus noble emploi et soulageaient d'innombrables misères, en ces jours où les inondations, les guerres, les maladies et les famines faisaient tant de malheureux.

La Seine ayant débordé d'une façon terrible en l'année 1233, les châsses furent portées en procession et le fleuve aussitôt rentra dans son lit. Mais il y eut un accident qui plongea tout le monde dans une indicible stupeur : le saint-clou tomba par terre et fut dérobé par une femme qui le cacha dans l'intention de le garder. Ce fut une désolation générale, à laquelle succéda une joie universelle, quand, poussée par le remords, celle qui avait commis le vol, se décida à rendre la sainte relique. Il y eut des fêtes publiques auxquelles prirent part la reine Blanche et saint Louis, qui vint lui-même à Saint-Denis pour y rendre grâce à Dieu.

Cependant toutes les constructions de Suger avaient eu besoin déjà d'être reprises ou consolidées. L'abbé Eudes Clément s'était consacré tout entier à ce travail. L'art gothique était alors dans sa fleur la plus pure et l'œuvre fut conduite cette fois avec une rare perfection. L'abbaye avait atteint d'ailleurs le comble de la richesse. Les ressources ne manquaient pas. La construction fut continuée sous l'abbé Matthieu de Vendôme, qui éleva les travées de la nef voisines de la tribune, ajouta plusieurs chapelles, bâtit la haute tour du nord avec sa flèche et fit exécuter par Eudes de Montreuil un splendide jubé. Dans le même temps, saint Louis faisait rechercher les cendres des monarques et des princes ensevelis dans l'église. Plusieurs de ces royales dépouilles perdues dans les travaux et les remaniements du sol ne purent être retrouvées ; on se contenta d'en marquer la place par des cénotaphes. C'est à partir de cette époque seulement que les statues tumulaires furent sculptées à la ressemblance des personnages dont elles couvraient les restes. L'ornementation de la basilique se poursuivit activement et demanda encore bien des années pour arriver à son entier achèvement.

Il serait trop long de mentionner ici les visites de saint Louis au sanctuaire et les libéralités dont il le combla. A l'occasion de la maladie qu'il fit à Pontoise, il y eut une procession des châsses où les religieux marchèrent nu-pieds. C'est à Saint-Denis que le monarque, avant de partir pour la Terre-Sainte, vint prendre l'écharpe et le bourdon du pèlerin. Il y reçut en même temps l'oriflamme des mains du cardinal Odon, légat apostolique. Six ans plus tard, à son retour en France, il vint y célébrer la fête du saint patron et ne manqua plus de le faire chaque année. Enfin, il y prit une dernière fois l'oriflamme, avant sa dernière expédition en Orient; mais frappé déjà sans doute de la pensée qu'il ne reverrait plus la France, il fit son testament et le déposa entre les mains des prélats et de l'abbé de Saint-Denis.

Son fils, Philippe III, revint de cette croisade, rapportant, au milieu d'un deuil national sans exemple, le cercueil du saint roi avec ceux de quatre autres princes ou princesses. Les religieux allèrent au-devant du funèbre cortège et la basilique reçut ces morts illustres et donna asile à leurs cendres. En cette circonstance, un fait assez curieux se produisit. Les religieux de Saint-Denis, en vertu de leurs priviléges, refusèrent d'ouvrir leurs portes, parce que l'évêque de Paris se présentait vêtu des ornements pontificaux. Le roi dût attendre avec le prélat, qui dût, pour être admis, se dépouiller des insignes de sa dignité. Le corps de saint Louis fut inhumé près de Louis VIII et de Philippe-Auguste, derrière l'autel de la Trinité; en attendant les honneurs de la canonisation qui allaient présenter bientôt ses restes mortels à la vénération des fidèles. La cérémonie de l'élévation eut lieu en 1298, à la grande joie du royaume. Un instant, il fut question de laisser le corps du saint roi à la Sainte-Chapelle; sa tête seule y fut conservée, le reste fut remis aux religieux de Saint-Denis.

Quelques années auparavant, le chef de saint Denis avait été extrait de sa châsse et mis dans un buste d'or par le cardinal Simon, légat apostolique, en présence du roi Philippe III. On avait donné beaucoup d'éclat à cette cérémonie, comme pour infliger un démenti public aux chanoines de Notre-Dame qui se vantaient, sans aucune raison sérieuse, de posséder les reliques du saint.

Une nouvelle levée d'oriflamme eut lieu en 1283 : Philippe III y prit, avec l'étendard, le bâton du pèlerin. En 1315, Louis X leva aussi l'oriflamme pour marcher contre les Flamands. Puis, ce fut le tour de Philippe de Valois, en 1328; il gagna la bataille de Cassel et fit à Saint-Denis de grandes libéralités en témoignage de sa reconnaissance. Avec Charles V un règne glorieux s'ouvrit pour la France ; Duguesclin qui toute sa vie avait guerroyé contre les Anglais et porté bien haut l'honneur de nos armes, fut enseveli à côté des rois dans les caveaux de Saint-Denis. Les débuts du règne de Charles VI furent assez heureux. Mais, après les fêtes du couronnement d'Isabeau de Bavière à la Sainte-Chapelle d'abord, à Saint-Denis ensuite, après plusieurs levées d'oriflamme et quelques succès accordés à nos armes, la démence du roi livra la France en proie aux factions et aux Anglais; elle plongea le royaume dans un abîme de maux, d'où l'on ne commença à sortir que par la protection signalée de Dieu qui suscita Jeanne d'Arc. L'héroïne avait déjà mené loin l'œuvre de la délivrance et infligé aux Anglais de sanglantes défaites, quand elle vint, à la suite d'une première attaque infructueuse contre Paris, trouver le roi Charles VII à Saint-Denis. Elle fit hommage de son armure au patron de la France et la déposa près des châsses des saints martyrs. Son épée s'y trouvait encore avant la Révolution.

A partir de ce moment, il n'est plus question de l'oriflamme. Elle a disparu tout à coup sans qu'on puisse savoir comment ni en quelle circonstance. Des historiens ont dit qu'elle avait été perdue à la bataille d'Azincourt; mais jamais les Anglais ne se sont vantés de l'avoir eue en leur possession, et quelque temps après ce désastre, on la mentionnait comme faisant toujours partie du trésor de la basilique. Toujours est-il que Charles VII ne fit jamais aucune levée d'oriflamme et que, pour la première fois, lors de son entrée à Paris, il porta la bannière blanche semée de fleurs de lis d'or.

Ce prince, après avoir reconquis son royaume presque tout entier, mourut en 1461, à Mehun-sur-Yèvre. Ses funérailles ont été minutieusement décrites et peuvent donner une idée de ce qu'étaient à Saint-Denis ces cérémonies funèbres. Le corps du roi ayant été embaumé fut enfermé en trois cercueils, de bois, de cyprès et de plomb. On avait fait préalablement une effigie qui reproduisait au naturel la figure du roi et qui fut mise sur un char étendue sur un lit de parade, la couronne en tête, avec tout l'appareil du costume royal. Une litière couverte de drap d'or reçut le triple cercueil et l'on se mit en marche vers Paris. Le cortége s'arrêta au prieuré de Notre-Dame des Champs, où l'on passa la nuit dans l'église au milieu des prières et des chants sacrés. Le lendemain, les chanoines, les prêtres, les religieux, l'Université, les compagnies de justice vinrent l'y chercher; et la procession présidée par Louis de Harcourt, patriarche de Jérusalem, se déploya le long des rues de la ville. On y comptait treize évêques ou abbés crossés. Le char qui portait la royale effigie était entouré de deux cents pauvres en habits de deuil avec des torches à la main. Venaient après vingt-quatre crieurs en habits de deuil, puis quatre hérauts d'armes qui précédaient la litière où reposait le corps du roi. Derrière marchaient tous les membres du Parlement en manteaux d'écarlate, puis les seigneurs et les princes du sang. Quand le convoi fut arrivé à Notre-Dame, l'effigie royale et le corps du monarque furent déposés au milieu du chœur dans une chapelle ardente. On chanta les vigiles; dans l'après-midi, la procession se remit en marche dans le même ordre. Les religieux de Saint-Denis qui venaient au devant d'elle, tous en chappes, la rencontrèrent au lieu dit la *Croix penchée*. L'église de Saint-Denis, comme celle de Notre-Dame, était entièrement tendue, par le haut, de toile bleue semée de fleurs de lis, par le bas, de velours noir; elle était éclairée par un luminaire qui formait autour de la nef un double rang de torches du poids de trois à quatre livres chacune. Le tour du chœur et le grand autel étaient garnis d'un nombre prodigieux de cierges.

Il était huit heures du soir quand le cortège entra dans l'église. On y chanta les vêpres. Les vigiles furent remises au lendemain; elles furent suivies de la messe, pendant laquelle, après l'offrande, le doyen de Notre-Dame, Thomas de Courcelles, docteur en théologie, fit l'oraison funèbre. La messe terminée, les princes du sang et les seigneurs se rendirent pour l'enterrement dans la chapelle royale où furent apportés le corps du roi et son effigie. A l'issue des cérémonies, le héraut cria à haute voix : « Priez Dieu pour l'âme du très-excellent, très-puissant et très-victorieux prince, le roy Charles VII de ce nom. » Puis il jeta sa masse d'armes dans la fosse, contre le cercueil ; un moment après, il la retira en criant : « Vive le roy! » A l'instant, des cris et des acclamations lui répondirent : « Vive Louis, roy de France [1] ! »

Le nouveau monarque, dans sa dévotion dont les excès et les importunités durent fatiguer Dieu, la Vierge et les saints et dont ce n'est pas le lieu de justifier ici les excentricités, n'eut garde d'oublier saint Denis. Il eut recours à lui surtout dans la maladie dont il mourut. En même temps qu'il faisait apporter dans sa chambre toutes les reliques imaginables, qu'il appelait en toute hâte un grand saint, sur la présence duquel il comptait pour échapper à la mort et se mettre à l'abri de l'enfer dont il avait peut-être quelque raison d'avoir peur, il ordonnait qu'on fît une procession de Paris à Saint-Denis, pour faire cesser le mauvais vent de galerne qui l'incommodait fort. On ne saurait dire si le vent cessa ou non, toujours est-il que le roi mourut et qu'il alla rejoindre ses prédécesseurs à Saint-Denis!

Mais, comme le disait le vieux cri national : « Le roy est mort! Vive le roy! » et la joie ne tardait pas à faire place au deuil dans l'enceinte de la vieille basilique. Louis XII, après s'être fait sacrer à Reims, venait se faire couronner à Saint-Denis. C'était une coutume déjà établie non-seulement pour les reines, mais aussi pour les rois. Qu'on s'imagine quel

1. Voir Dom Felibien, *Hist. de l'abbaye de Saint-Denis*, liv. VI.

mouvement, quel éclat et quelle vie apportaient à la basilique de pareilles solennités, où rivalisaient en magnificence princes, seigneurs et prélats. C'était surtout pour le trésor de l'église une source de richesses inouïes. Les insignes royaux, les couronnes d'or, les dons des souverains, les croix, les crosses, les mitres, les vases sacrés, les reliquaires, ajoutaient incessamment de nouvelles merveilles aux merveilles du passé.

A peine François I$^{er}$ eut-il reçu, comme son prédécesseur, la couronne royale dans la basilique qu'il fit préparer de nouvelles fêtes pour le couronnement de la reine, Claude de France. L'église, parée avec une magnificence inouïe, vit en cette circonstance le cardinal de Luxembourg, évêque du Mans, officier au milieu d'un nombre considérable d'archevêques et d'évêques. La reine, vêtue de soie et de pierreries, fit son entrée, conduite par les évêques de Toulouse et de Laon, accompagnée par les duchesses d'Alençon et de Vendôme, suivie d'un long cortége de grandes dames et de princesses. Un *Te Deum* solennel fit, au même moment, retentir les vieilles voûtes du temple. La reine, à genoux à l'entrée du chœur, reçut les onctions saintes de la main du cardinal qui lui remit ensuite avec les formules et les oraisons prescrites, la main de justice et l'anneau. Puis il commença la messe, assisté, comme diacre, de l'archevêque de Tours et de l'évêque de Beauvais, comme sous-diacre. A l'offrande, des dames présentèrent des pains dorés et argentés, du vin en un vase d'or et treize pièces d'or monnayé. La reine fit très-dévotement la sainte communion et la cérémonie se termina par la bénédiction que lui donna le cardinal.

Ainsi s'enchaînaient les unes aux autres, dans l'enceinte du vieux temple, les solennités tantôt tristes, tantôt joyeuses, avec une régularité qui en rendrait monotones les autres descriptions, bien que les funérailles de François Ier aient été d'une magnificence exceptionnelle. Ce prince avait pris cependant, à l'égard de l'abbaye, une mesure qui devait être fatale à la régularité des religieux. Il lui avait donné, dans la personne du cardinal de Bourbon, un abbé commendataire. Cet exemple ne fut que trop suivi. Ces prélats, grands seigneurs, qui ne résidaient pas et se contentaient de toucher les revenus de leurs gros bénéfices, négligeaient tous les soins du monastère. La discipline ne pouvait manquer d'en souffrir ; le relâchement qui en résulta, ne fut que trop favorisé par la guerre civile et religieuse qui jeta le trouble dans les institutions et dans les vies, dans les personnes et dans les choses.

Le temps des épreuves avait commencé pour la basilique, pour l'abbaye et pour tout ce qui intéresse le culte de saint Denis. En 1563, les huguenots se rendirent maîtres de la ville et du monastère et dépouillèrent l'église de bon nombre d'objets précieux qui n'avaient pas été mis à l'abri de leurs atteintes. Le 10 novembre 1567, le connétable de Montmorency livra dans les plaines de Saint-Denis la bataille qui en a porté le nom et paya de sa vie la victoire qui resta à son armée. L'année suivante, Charles IX fit apporter à la Sainte-Chapelle les châsses des saints martyrs et celle de saint Louis et prescrivit une procession solennelle avec toutes les reliques pour obtenir que la paix fut rendue au royaume.

Bien du sang devait couler encore, bien des alternatives de succès et de revers, toujours désastreuses pour la France, allaient marquer ces tristes guerres, avant que la conversion d'Henri IV vint apporter la seule solution capable de sauver le pays. Ce fut l'église de Saint-Denis qui reçut l'abjuration du roi. Le 25 juillet 1593, le monarque s'y présenta dès le matin, suivi d'un immense concours de peuple. Les religieux allèrent le recevoir en aubes et sans chappes à la porte de la basilique ; Henri de Navarre ne pouvant être encore qu'un pénitent aux yeux de l'Eglise. Seul, l'archevêque de Bourges, comme officiant, était en habits pontificaux, au milieu des évêques et des abbés rangés autour de lui. Quand le roi fut arrivé au seuil du parvis, l'archevêque lui demanda qui il était et ce qu'il voulait : « Je suis le roy, » répondit simplement Henri, qui demanda d'être reçu au giron de l'Eglise apostolique et romaine. Puis, se jetant à genoux, il fit sa profession de foi qu'il présenta signée de sa main à l'archevêque ; après quoi, il entra dans la basilique où reposaient les cendres de ses aïeux.

L'ordre de saint Benoît tout entier avait été atteint dans sa discipline au milieu des guerres civiles qui désolaient la France. A diverses reprises, on avait essayé de remédier au mal; toutes les tentatives étaient restées impuissantes. L'abbaye de Saint-Denis avait ressenti comme les autres et plus encore peut-être l'influence pernicieuse des circonstances. Cependant, le prieur de l'abbaye de Sainte-Vanne, dom Didier de la Cour, vint à bout d'introduire dans son monastère une sérieuse réforme qui donna bientôt naissance à celle de la fameuse congrégation de Saint-Maur. Ce ne fut pas sans difficulté qu'on put la faire accepter à Saint-Denis; le cardinal de la Rochefoucauld y réussit enfin, grâce à l'appui que lui prêta Richelieu.

Louis XIV fut reçu fréquemment à Saint-Denis; il ne paraît pas, malgré cela, qu'il ait jamais eu beaucoup d'affection pour cette église. Il la dépouilla d'abord de son titre abbatial; puis, le 15 juin 1686, sur les instances de M$^{me}$ de Maintenon qui venait de fonder Saint-Cyr et qui avait besoin d'argent pour ce nouvel établissement, il enleva à la basilique la somme de 100,000 fr. dont elle était annuellement dotée, pour la donner à la maison de Saint-Cyr. Les Bénédictins en grand nombre quittèrent l'abbaye et se retirèrent au monastère de Saint-Maur.

Sous Louis XV, ce fut le monument qui eut à souffrir des inintelligentes modifications que lui imposa le mauvais goût de l'époque. L'autel des reliques fut refait à neuf et fut loin d'y gagner. On ne se fit aucun scrupule d'enfoncer plusieurs verrières pour donner plus de clarté à l'intérieur. Tout annonçait la décadence ou plutôt la catastrophe qui allait emporter avec la monarchie les grandeurs du passé. Déjà le corps de Louis XIV avait été conduit aux caveaux de Saint-Denis dans un appareil peu digne du grand roi. Ce fut bien pis pour son successeur qu'un simple carrosse de chasse y transporta. On avait déjà perdu le respect des rois. A voir la manière dont la fille aînée de Louis XV, M$^{me}$ Henriette, fut conduite à sa dernière demeure, au milieu des rires et des folies des gens de la cour et de la populace, on eût dit qu'on s'essayait déjà à braver au convoi de cette jeune femme la sainteté de la mort et qu'on préludait aux horribles profanations de la Révolution.

« Dieu avait juré par lui-même de châtier la France. » Dans la nuit du 11 au 12 septembre de l'année 1793, les commissaires de la Convention arrivaient à Saint-Denis, se faisaient ouvrir les portes du trésor et organisaient, en présence de la municipalité, le pillage des dix armoires qui contenaient d'innombrables merveilles dues à la magnificence de cinquante-huit générations royales. Ce fut à pleines brassées qu'on enleva, pour les jeter dans les fourgons de la Convention, les crosses, les croix, les ostensoirs, les calices, les ciboires et les reliquaires d'or et d'argent. Les œuvres incomparables de l'art des vieux siècles, les châsses ciselées émaillées et incrustées de pierreries, les manuscrits sur vélin revêtus d'ivoire et d'or, les métaux damasquinés et constellés de perles, les couronnes et les sceptres d'or, les coupes de cristal de roche, d'agathe et de porphyre, les camées et les onyx, les ornements de velours et de brocart, les chappes gemmées brochées d'or et de soie, avec des rinceaux de perles fines, les tissus qu'avaient brodés des reines, les objets précieux par leur antiquité et par leurs souvenirs, les vêtements du sacre de Louis XIV, l'épée de Jeanne d'Arc, la main de justice de saint Louis, la couronne, le sceptre et l'épée de Charlemagne, la chaise romaine en bronze de Dagobert : tout fut entassé pêle-mêle sur les chariots ; et la municipalité de Saint-Denis accompagna jusqu'à Paris les trésors qu'on enlevait à son église, non pour protester contre la spoliation, mais pour y applaudir et pour faire parade de civisme en jetant publiquement l'insulte aux reliques des saints.

Tous ces trésors artistiques et sacrés vinrent échouer à la Monnaie ; quelques-uns seulement des plus curieux furent conservés et formèrent, plus tard, le Musée des souverains. Plusieurs des saintes reliques avaient été heureusement soustraites au pillage, grâce au dévouement d'un religieux, dom Varenflot, qui sut conserver, entre autres, une partie notable des corps des saints Denis, Rustique et Eleuthère.

La spoliation des richesses de la basilique n'avait été que le premier acte du drame de la profanation ; un attentat inouï allait y mettre le comble. La Convention avait décrété que les monuments funèbres de Saint-Denis seraient détruits et que les cadavres royaux seraient exhumés. L'œuvre de destruction des tombeaux commença le 6 août 1794 et dura trois jours. Ainsi furent arrachés à leurs caveaux les corps des rois et des reines qui dormaient dans leur poussière séculaire, les uns réduits à des ossements desséchés, les autres tombés en putréfaction, exhalant une insupportable odeur, quelques-uns conservés et reconnaissables : Henri IV, Louis XIII, le premier avec sa barbe, l'autre avec ses moustaches, Louis XIV avec ses grands traits, mais le visage noir comme de l'encre. « Il était encore tout entier dans son cercueil, dit Châteaubriand. En vain, pour défendre son trône, il parut se lever avec la majesté de son siècle et une arrière-garde de huit siècles de rois ; en vain son geste menaçant épouvanta les ennemis des morts, lorsque, précipité dans une fosse commune, il tomba sur le sein de Marie de Médicis : tout fut détruit. Dieu, dans l'effusion de sa colère, avait juré par lui-même de châtier la France. »

Les lugubres travailleurs poursuivirent sans relâche, jusqu'au 26 octobre, leur sinistre besogne. La fosse commune où s'engloutissaient les royales dépouilles se trouvait au nord de l'église, dans un terrain connu sous le nom de cimetière de la Glacière.

auquel était autrefois contiguë la splendide chapelle en rotonde des Valois, détruite en 1719. Plus tard, en 1817, ce sol, qui contenait les restes de trois dynasties souveraines, fut religieusement fouillé, et les cendres royales furent, avec de grands honneurs, rendues aux caveaux de Saint-Denis, sans qu'il fût possible toutefois d'établir entre elles aucune distinction.

La basilique avait été dépouillée, sous la Révolution, de sa couverture en plomb et des vantaux de bronze historiés de ses portes; elle était vouée à une ruine certaine. Elle servit d'abord aux fêtes décadaires de la ville qui avait pris le nom de *Franciade;* puis, on en fit successivement un dépôt d'artillerie, un théâtre et un magasin. Ses magnifiques vitraux du temps de Suger et de saint Louis furent presque tous détruits; c'est à peine s'il en reste quelques débris, ailleurs que dans la chapelle de la sainte Vierge et dans celle de saint Eugène. Cette antique et fameuse église que Dagobert avait proclamée la première métropole du royaume, que Charlemagne appelait « la vénérable mère et sainte église de monseigneur saint Denys, notre patron, » à l'exemple des conciles qui lui donnaient ce titre : *Sancta mater ecclesia*, était ainsi livrée aux outrages des hommes et du temps, ouverte à la pluie et aux vents; l'herbe croissait sur ses autels et dans les jointures de toutes ses pierres. Elle était en cet état quand, en 1806, un décret impérial déclara qu'elle serait, non-seulement rendue au culte, mais qu'elle allait devenir le siége d'un chapitre et qu'elle recevrait les tombeaux de la dynastie napoléonnienne. Mais la volonté et les décrets d'un homme, fût-il au comble de la puissance, ne règlent pas le cours des choses à venir; et ce dernier vœu ne reçut jamais sa réalisation. Toutefois, le 25 mars 1809, le chapitre fut constitué et la basilique lui fut rendue. Les bâtiments de l'abbaye furent affectés à la nouvelle institution de la Légion d'honneur, créée par l'empereur en faveur des filles des officiers légionnaires.

Si difficile que pût être la restauration de la basilique totalement délabrée, l'administration impériale se crut de force à l'entreprendre et ne recula pas devant les frais. Mais les travaux furent exécutés avec une rare inintelligence. On crut avoir fait merveille quand on eut retaillé les sépultures, gratté les cryptes, exhaussé le sol, sapé les piliers, retouché tout l'édifice, sans aucun souci des traces anciennes ni des exigences de la solidité; on donna même aux rosaces et aux baies d'affreux vitraux; il se trouva qu'on avait simplement recrépi une ruine et dépensé quelque chose comme sept millions en pure perte.

En 1833, la grande flèche, ayant été frappée de la foudre, en fut tellement ébranlée qu'on ne put songer à la conserver et qu'il fallut l'abattre une douzaine d'années après. La chute d'une partie de la façade était imminente et le reste de la construction eût eu le même sort dans un avenir prochain, lorsque, en

1847, on songea enfin à prévenir une ruine totale par une restauration sérieuse de l'édifice. M. Violet le Duc fut chargé de cette tâche. Si grande qu'elle fût, elle n'était point supérieure au savoir de l'habile architecte. L'argent seul manqua bien souvent, et l'œuvre ne put avancer que lentement. La construction cependant s'est trouvée bientôt consolidée ; l'ensemble et les détails ont été repris avec cette parfaite entente des lois architecturales qui la fera reparaître bientôt dans la splendeur de son état primitif et dans la vérité de son caractère historique.

Les événements contemporains n'offrent plus rien dans la vieille métropole de Saint-Denis qui puisse intéresser le pèlerinage. Les funérailles de Louis XVIII, célébrées avec toute la pompe des anciens jours, et quelques autres solennités qui sont venues encore réjouir les murs de la basilique, ne s'y rapportent que d'une manière éloignée. Quand on la visite aujourd'hui, ce ne sont plus guère les souvenirs du premier évêque de Paris qu'on vient y chercher. Les visiteurs ne se proposent que rarement de prier à son tombeau. Ses reliques mêmes, sauvées de la destruction, n'y sont plus. Elles ont été déposées dans le trésor de Notre-Dame et portées depuis dans l'église paroissiale de Saint-Denis. En ces derniers temps, une châsse splendide leur a été donnée. On les y a exposées dernièrement ; et, pendant toute l'octave de la fête du saint patron, on a vu les populations en foule y accourir et renouveler, par leur empressement et par l'ardeur de leur piété, le spectacle des anciens jours.

Les visiteurs toujours nombreux de la basilique sont surtout aujourd'hui des curieux qu'attire le musée des tombes royales, ou des amis de l'art religieux qui s'intéressent aux merveilles de nos monuments gothiques. Ces deux sentiments sont légitimes, mais secondaires, au point de vue qui nous occupe ; c'est affaire aux guides de leur donner une entière satisfaction ; il suffit ici d'y toucher en les effleurant.

Il y a là des curiosités bien remarquables : des pierres antiques, comme celle de Frédégonde, avec la mosaïque qui la représente, d'autres en grand nombre du temps de saint Louis, de splendides mausolées en marbre, des colonnes, des statues de l'époque et des meilleurs artistes de la Renaissance. Citons seulement, en passant, le monument de Louis XII et d'Anne de Bretagne qu'on voit étendus dans leur catafalque, ayant une tête de mort et figurés vivants et agenouillés sur la plate-forme du mausolée, avec de superbes bas-reliefs sur les faces, où sont reproduits les faits d'armes du monarque. Toute cette œuvre a été exécutée à Tours, vers 1591, sous la direction de Jean Juste. Voici encore le tombeau non moins remarquable d'Henri II et de Catherine de Médicis, par Germain Pilon ; celui de François I$^{er}$ et de Claude de France, avec les statues du roi, de la reine et de leurs enfants, et des bas-reliefs des principales batailles de François I$^{er}$, une œuvre hors ligne commencée en 1552 sous la direction de Philibert Delorme. Les sculptures sont de Germain Pilon et d'autres artistes du plus grand mérite. Viennent ensuite la colonne de François II, érigée d'abord dans l'église des Célestins à Paris, celle de Henri III dressée en 1594 dans l'église de Saint-Cloud, celle du cardinal de Bourbon également de la fin du seizième siècle.

Ces monuments que le marteau des démolisseurs de 93 avait respectés, avaient été dispersés dans les musées ; quand on songea à les rendre à leur ancien asile, on les réunit à la hâte avec des pièces de tout style et de toute provenance, choisies sans beaucoup de discernement, tronquées, mutilées, faites de morceaux divers. M. Violet le Duc s'est appliqué à restituer à chaque chose son caractère primitif et sa vraie place. Les tombeaux avaient été mis d'abord dans les caveaux, et s'y trouvaient, suivant l'expression du savant architecte, rangés comme des futailles dans une cave ; aujourd'hui, l'église haute a reçu, par ses soins, le plus grand nombre de ces cénotaphes qu'on est heureux de voir ainsi remis en lumière.

Dans ses dispositions générales, la basilique ressemble aux édifices religieux de l'âge gothique. Le plan forme une croix latine, la nef étant coupée par le transept qui la sépare de l'abside couronnée de ses chapelles rayonnantes. L'orientation y est observée et l'inflexion de l'axe du chœur, symbole de l'inclinaison de la tête du Sauveur sur la croix, y est très-sensible. L'ensemble du monument peut se diviser en cinq parties. C'est d'abord le porche intérieur, lequel comprend les deux premières travées de la nef, puis la nef elle-même qui a six travées, le transept, le chœur et l'abside.

Extérieurement, quand on arrive en face de la basilique, on remarque les deux tours de la façade, celle du nord découronnée de sa flèche, celle du midi avec un clocher très-simple, entre les deux une muraille lisse et crénelée dans sa partie supérieure, ouverte en bas par trois larges baies en ogive, tapissées de bas-reliefs et de statues, lesquelles forment le grand portail occidental. C'est un caractère mixte, moitié militaire et moitié religieux. La partie la plus voisine du sol est l'entrée d'une cathédrale ; en haut, c'est le simulacre d'une forteresse, dont rien ne défend l'accès d'ailleurs ; il n'y a trace ni de fossés ni de ponts-levis. Dans le pignon aigu qui porte la statue de saint Denis à son sommet, entre les deux tours, s'ouvre la grande rose occidentale. Les trois baies du dehors sont dignes d'attention. On les aborde directement : elles sont à découvert, rien ne les dérobe au regard. Le porche de Saint-Denis, contrairement aux dispositions adoptées d'ordinaire, est non pas extérieur, mais intérieur ; on avait voulu sans doute, dans les réceptions pontificales et royales, mettre les visiteurs à l'abri du froid et de la pluie.

Dans la baie centrale, les vantaux de la porte

étaient autrefois séparés par un trumeau qui portait la statue colossale de saint Denis ; les religieux, trouvant qu'il gênait pour le passage du dais dans les processions, l'avaient fait abattre. Les bas-reliefs des montants sont curieux : ils représentent d'un côté les Vierges sages, de l'autre les Vierges folles. Toute la partie supérieure est consacrée à la grande scène du jugement dernier. Au centre du tympan, se tient le Christ, juge suprême des vivants et des morts, les bras étendus, avec des banderolles à la main. On lit sur celle de droite : « *Venite, benedicti Patris; mei* » sur l'autre : « *Ite, maledicti, in ignem æternum.* » Les apôtres sont au-dessous du Sauveur. La très-sainte Vierge, placée à la droite de son Fils, intercède pour les pécheurs. Au linteau de la porte, est figurée la résurrection des morts. On les voit qui soulèvent la pierre de leurs tombeaux. Dans les cordons de l'archivolte, sont groupés d'une part les élus, de l'autre les réprouvés, que les démons s'arrachent et qu'en dépit de leur résistance et de leurs cris, ils entraînent dans l'enfer. Dans les cordons supérieurs, au milieu de la voussure, apparaît la maison de Dieu ; le Saint-Esprit est au centre, on voit au-dessous le Père éternel portant l'Agneau divin, autour duquel se rangent les vingt-quatre vieillards et les anges adorateurs. La porte méridionale de cette façade est, comme celle-ci, du temps de Suger, sauf les restaurations modernes. Elle représente les scènes de la légende de saint Denis : l'apôtre, dans sa prison, recevant la communion de la main du Sauveur, le juge sur son tribunal, les bourreaux qui s'apprêtent; dans les cordons, le martyr décapité portant sa tête entre ses mains. La baie du nord s'appelait autrefois la porte de Dagobert, parce qu'on y voyait la statue de ce prince; elle a les caractères généraux de celle qui lui correspond au midi, mais les sculptures sont toutes modernes et des plus mauvaises.

Si l'on prend à gauche, on arrive devant le côté septentrional de la basilique; c'est la partie la plus brillante. Les élégants contreforts à double cintre, la galerie trilobée qui surmonte le triforium, les hautes fenêtres avec leurs frontons aigus, leurs baies largement ouvertes et leurs gracieux entrelacs, en un mot, toute cette végétation de pierre où se jouent, à travers les feuillages et les fleurs, les animaux les plus divers, compose tout un ensemble d'une richesse extrême et d'un travail exquis. De ce côté, le portail du transept s'ouvre entre les deux bases grandioses qui devaient porter les tours commencées pas Suger, il est dominé par un fronton, au sommet duquel s'élève la statue de saint Rustique. La rose qui s'y épanouit et dont les pétales sont dessinées par des meneaux gracieusement entrelacés, a trente-six pieds de diamètre. Il faut voir en détail toute l'ornementation de ce portail, ces tourelles si bien décorées, ces frises si richement brodées, et toute la statuaire symbolique qui anime cette façade avec les personnifications du péché, le tout taillé dans la pierre avec l'éclat et la verve qu'avait acquis la sculpture et dont elle possédait tous les secrets dès le quatorzième siècle.

La façade méridionale ne peut être vue que du côté des bâtiments de l'ancienne abbaye. Elle est loin de valoir celle du nord. Le portail à pignon, portant la statue de saint Eleuthère, a été en grande partie mutilé par la prétendue restauration de 1718.

Pour avoir un coup d'œil magnifique et une vue complète du monument à l'intérieur, il faut, autant que le permettent les échafaudages qu'ont nécessités les travaux en cours d'exécution, se placer sous la tribune de l'orgue. C'est de là qu'il faut voir l'étendue, la hardiesse et l'élévation des voûtes et l'élégance des énormes piliers qui les soutiennent ; de là, qu'il faut saisir l'effet des verrières qui produisent, indépendamment de leur valeur assez médiocre, ces reflets irisés dont la lumière discrète et tamisée convient si bien aux combinaisons architectoniques du moyen âge ; de là, qu'il faut embrasser ce quadruple emmarchement qui sépare l'abside du transept dans une disposition ascensionnelle, où la perspective se prolonge, où l'autel s'élève dans les airs avec la couronne lumineuse de ses chapelles rayonnantes.

Sans évoquer les richesses du passé, le crucifix et les statues en or de la sainte Vierge et des apôtres, les boiseries sculptées de Jehan de Malot, le jubé de Suger avec ses tables d'ivoire, « ajourées et ystoriées » de personnages, d'animaux et d'agencements en cuivre doré, il en reste assez encore pour éblouir le regard, quand on a franchi ces escaliers de marbre qui conduisent au *deambulatorium* du chœur. Ce sont encore les splendeurs des anciens âges. Ces colonnes à droite sont du temps de Suger, celles de gauche ont été élevées par saint Louis. Et ces chapelles avec leurs vitraux, comme elles sont éclatantes ! Et ces superbes autels, comme ils ont été bien conçus, relevés, décorés d'or et de peintures, avec leurs retables anciens et leurs statues dans le vrai goût de l'époque !

C'est la main de M. Violet le Duc qu'on trouve ici partout. C'est lui qui a fait disparaître d'affreux badigeons, qui a fouillé le terrain, retrouvé la base ancienne des colonnes, rétabli le niveau du sol tel qu'il était sous saint Louis ; c'est lui qui a restauré toutes les chapelles, dessiné les autels avec leurs baldaquins, et mis partout, à la place de la confusion et du mauvais goût, la grâce, la richesse et l'harmonie.

La main des Prussiens a passé, elle aussi, sur ces merveilles. Elle a mutilé quelques-unes de ces statues de marbre qui dorment sur leurs tombeaux ; elle a brisé çà et là des bas-reliefs antiques, arraché des fragments de ces beaux retables du temps de saint Louis. On ne sait où se fut arrêté ce vandalisme, si d'énergiques protestations n'avaient enfin obligé les chefs à rappeler au respect une soldatesque grossière. Le brutal obus qui dans le même temps brisait toute une verrière, rebondissait à travers le temple sur une des colonnes et de là sur un mausolée, fut-il aussi barbare que les mutilateurs qui ont ainsi abusé de la force et de la victoire ?

## Le pèlerinage de Longchamp.

A cette époque de l'année où les premiers souffles du printemps annoncent le retour des beaux jours, où le soleil glisse à travers les ondées de chauds rayons qui raniment la terre et font éclore, avec les premières fleurs les premiers bourgeons verts aux branches des arbrisseaux, le monde élégant quitte ses salons et se met en fête pour étaler hors de ses demeures son luxe et ses splendeurs. Tout le Paris de la fortune et de l'opulence se précipite et roule à flots pressés sur cette avenue des Champs-Elysées, la plus belle du monde. Ce ne sont que brillants équipages, des huit-ressorts et des chevaux magnifiques, des toilettes fraîches comme la saison nouvelle, des flots de soie, de velours et de dentelles qui s'agitent, se mêlent et se croisent. On dirait une immense plate-bande de fleurs que la brise fait mouvoir confusément.

C'est vers un point du bois de Boulogne que se dirige cette foule, et le nom qu'il porte est celui qu'on donne à cette fête mondaine qui s'appelle la promenade de Longchamp. Qu'y aurait-il à dire contre cette fantaisie dans laquelle sont aux prises tant de rivalités d'amour-propre et d'orgueil? Rien de plus peut-être que contre les mille vanités dans lesquelles se complaisent les heureux d'ici-bas. Le luxe n'est blâmable que dans ses excès. S'il est l'expression de la richesse d'un peuple, s'il est en rapport avec la position de chacun, si d'ailleurs il ne tarit pas les sources de l'aumône, il peut avoir sa raison d'être, il procure à bien des familles le travail et l'aisance. Soit! Mais il est des circonstances peut-être où il est tenu à une certaine réserve. En dehors de la pensée même de ceux qui l'étalent, il peut être parfois comme une insulte aux sentiments les plus respectables, comme une raillerie de la souffrance et de la pauvreté ; et dès lors la plus simple pudeur lui impose la réserve et la discrétion. Or, savez-vous quel est le jour qu'on a choisi pour cette fête, qui n'est que le triomphe de la mode et l'ostentation de toutes les vanités? Si le paganisme avait chez nous droit de cité, et s'il n'y avait pas dans les rangs de ceux qui se livrent à ces plaisirs des chrétiens et des chrétiennes en grand nombre, vous pourriez l'entendre encore sans surprise. Mais c'est au jour même où l'Eglise, plongée plus que jamais dans les saintes tristesses, appelle tous ses enfants à y prendre part; c'est vers la fin de la semaine sainte que cette pompe toute profane se déploie insolemment. Plusieurs de ces femmes qui ne songent qu'à se parer et à se faire voir à l'heure même où leur Dieu mourait sur sa croix, sont allées déjà ou vont aller bientôt le recevoir dans leur cœur. Quelle préparation ou quelle action de grâces ! Spectacle bien édifiant vraiment à donner aux pauvres, et qui semble leur dire, au moment même où Celui qui fut leur ami et leur évangélisateur a versé son sang pour cimenter entre toutes les classes la véritable fraternité : Voyez bien la distance infranchissable qui nous sépare, et le peu de compte que nous faisons des enseignements de la religion ! — Ce n'est pas avec de pareils exemples qu'on peut relever et moraliser les masses ; ce n'est pas la charité, le rapprochement des cœurs qui s'en dégage, c'est l'envie, c'est la haine, ce sont tous les ferments de discorde qui travaillent notre malheureuse société et qui la conduiront à sa ruine, si l'on ne revient pas franchement, en haut comme en bas de l'échelle sociale, à la pratique de la morale évangélique.

Et maintenant qu'elles sont jugées comme elles le méritent, ces folies mondaines aujourd'hui si inconvenantes et si déplacées, il peut être utile d'apprendre à cette foule légère et vaniteuse ce qu'elle ignore vraisemblablement, l'origine très-légitime et très-louable d'abord de cette excursion à Longchamp, la part exclusive faite d'abord à la piété chrétienne, peu à peu l'introduction d'autres mobiles moins purs, puis l'envahissement et le triomphe sur toute la ligne des vues et des intérêts profanes.

Ils ne savent pas, ou du moins ils soupçonnent à peine, ces jeunes gens qui ne songent qu'au plaisir, ces femmes qui prennent si mal leur temps pour se pavaner dans leurs toilettes tapageuses, que sur ce terrain même il y eût autrefois un monastère célèbre, et que leurs nobles aïeux s'y rendaient à la suite des rois et des reines, attirés par le parfum de la sainteté et par l'éclat des vertus chrétiennes dont cette maison fut longtemps l'asile renommé. C'est là qu'un ange de la terre, une sainte née sur les marches du trône, la sœur du saint roi dont la France est justement fière, cette Isabelle dont Louis IX fut le frère, avait bâti son arche pour y demeurer à l'abri des tempêtes et y mourir dans la paix du Seigneur.

Le chancelier de Notre-Dame de Paris, qu'elle avait consulté pour savoir ce qui serait plus agréable à Dieu et plus utile au salut de son âme, ou de construire un hôpital ou de fonder pour des vierges chrétiennes un couvent dans lequel elle se retirerait, lui conseilla de bâtir cette maison de Longchamp et d'y passer ses jours dans la prière et dans la pratique des bonnes œuvres. Quand elle fit part au roi son frère de son religieux dessein, Louis IX ne put se défendre d'une profonde douleur, à la pensée qu'il allait être séparé désormais de celle qu'il regardait comme son bon génie ou plutôt comme l'ange gardien de sa vie; mais il était trop pieux pour s'opposer à ce qui lui semblait être la réalisation la plus parfaite des vues du Très-Haut sur sa sœur bien-aimée. Il s'empressa donc de lui donner son consentement et de l'aider par ses largesses à fonder son monastère, où vinrent la rejoindre bientôt les jeunes filles les plus distinguées du royaume par leur naissance et par leurs vertus. Les premières religieuses de Longchamp n'appartenaient pas à quelque ordre fameux déjà existant. On les désignait sous le nom de Sœurs incluses de l'Humilité de Notre-Dame. Plus tard, à la prière de saint Louis, elles obtinrent le titre de Sœurs Mineures. La règle qu'elles suivaient leur fut donnée par le pape Alexandre IV : elle était sévère et les condamnait à une vie de pauvreté, de renoncement et à toutes les saintes rigueurs de la pénitence. En revanche, le nouvel institut fut comblé de faveurs spirituelles, soustrait par un privilège spécial à la juridiction de l'ordinaire et placé sous la dépendance immédiate du Saint-Siège.

Isabelle de France y passa les huit dernières de sa vie. Il ne paraît pas qu'elle y ait prononcé de vœux. Le roi qui voulait la voir souvent et qui avait besoin de ses conseils, lui demanda sans doute cette concession dans la crainte de ne pouvoir plus avoir de communications faciles avec sa sœur, si une fois elle se trouvait engagée dans la conduite et l'administration d'une abbaye. Mais Isabelle, loin de se croire par là même dégagée des obligations de la vie religieuse, voulut y être entièrement astreinte, et, la première entre toutes ses sœurs, donna l'exemple d'une soumission absolue à la règle. Elle ne profita de sa liberté que pour garantir sa modestie des honneurs de la première place dans son couvent, et pour se donner une supérieure dans la personne de sœur Agnès d'Harcourt, qu'elle mit à la tête de l'abbaye.

Quand la princesse eut rendu sa belle âme à Dieu, quand cette humble fleur cachée ici-bas au fond de la vallée, déchirée et meurtrie souvent par bien des épines, se fut épanouie dans les cieux, sœur Agnès se fit elle-même l'historienne de sa vie. On y trouve les plus charmants détails et les traits les plus édifiants. La bonne sœur assure que la nuit qu'elle trépassa on entendit des chants mélodieux dans tout le monastère : « Nous croyons fermement que c'estoit la mélodie des saints anges qui conduisoient sa benoiste âme dans le ciel. »

Saint Louis, à peine averti de la maladie de sa sœur, s'était hâté d'accourir à Longchamp. Mais la mort avait été si prompte à la cueillir, que le roi arriva trop tard pour recevoir son dernier soupir. Déjà la virginale dépouille de la sainte était couchée dans le cercueil. Le roi s'agenouilla tout auprès, fondant en larmes, et, le cœur brisé, il offrit à Dieu un des sacrifices qui dut coûter le plus à son âme généreuse. Le tombeau d'Isabelle avait été placé dans le chœur de la chapelle exclusivement réservé aux religieuses. Mais le peuple, qui déjà s'y portait en foule, n'entendait pas qu'il en fût ainsi. Il fallut, pour donner satisfaction à sa piété, qu'on l'avançât de telle sorte qu'il se trouvât moitié dans le chœur et moitié dans la nef. Le peuple n'attend pas d'ordinaire que les décrets de canonisation soient rendus pour entourer de ses hommages ceux qui, en raison de leurs mérites, ont déjà reçu à ses yeux le sceau de la gloire céleste et sont devenus ses protecteurs auprès de Dieu. Et qu'on ne s'en étonne pas : rien ne s'explique mieux que cet empressement des populations auprès des saints, qui ne sont pas seulement les véritables héros des âges qui nous ont précédés, mais les amis, les confidents, les conseillers, les avocats du peuple. Leur vie est partout mêlée à la sienne. Il en est de même de leur survivance. De là, ces récits naïfs et ces légendes merveilleuses qui sont bien souvent l'histoire plus vraie que l'histoire elle-même. Ce n'est pas la vraie histoire qui ne voit que des rois succédant à des rois, des batailles perdues ou gagnées, des provinces conquises, et qui ne nous dit rien du peuple. Le peuple chrétien voit surtout les saints, ne s'enthousiasme et ne se passionne que pour eux, parce qu'il ne reçoit d'eux que des bienfaits, quand de la part des autres quelquefois il a tant à souffrir.

Mais, pour en revenir au tombeau d'Isabelle de France, ceux-là ne se trompaient pas qui croyaient y découvrir déjà le signe de la sainteté. Dieu lui-même ne tardait pas à leur en donner des marques éclatantes. Autour des restes sacrés de la princesse, les miracles furent nombreux bientôt. Sœur Agnès, qui les a soigneusement recueillis, n'en signale pas moins de quarante. Certes, il en est plusieurs devant lesquels la critique dédaigneuse de notre époque sourirait de pitié, quelques autres, qu'il ne faut pas juger suivant les idées de notre temps, mais qui trouveront grâce encore, en raison de la franchise et de la naïveté du récit, aux yeux de ceux qui n'ont pas de préventions hostiles. Quand on nous dit que bien souvent, la nuit, une lumière éblouissante semblait environner le saint tombeau, que parfois il en découlait une liqueur parfumée qu'on eût pris pour de l'huile et qui guérissait les malades, il n'y a rien là qui n'ait ses nombreuses analogies dans les annales de la sainteté. La vertu de la sainte contre les démons ne paraît guère plus incontestable, et il n'y a pas à se préoccuper outre mesure des détails légendaires qui les font parfois apparaître sous forme de *bestes ou de chiens enraigés :* c'est le langage du temps, c'est même la langue liturgique de l'Eglise qui demande à Dieu devant la cendre des morts de ne pas livrer aux bêtes l'âme de ses serviteurs, et qui dit ailleurs : *Circuit leo quærens quem devoret.* Voici, d'ailleurs, le premier miracle rapporté dans la biographie de Madame Isabelle : « La grande royne, femme de saint Louis, voyant son fils, qui fust depuis le roy Philippe le Hardy, travaillé d'une fièvre fascheuse, le fist amener à Longchamp, et coucher auprès de la tombe de notre sainte, sa tante, espérant que, par ses bonnes prières, elle feroit promptement renvoyer la santé au malade. Et point ne fust son espérance vaine, comme le démonstra la prompte guérison. » Devenu roi, ce prince fut à juste titre reconnaissant envers celle qui lui avait conservé la vie, il fit de fréquentes visites à son tombeau, et se plut à rappeler souvent à sœur Agnès et aux autres religieuses la miraculeuse protection dont il avait été l'objet, et dont il témoigna sa gratitude par les libéralités qu'il fit au monastère de sainte Isabelle.

Vers le même temps, une religieuse qui s'appelait Jacqueline de Longueil, se trouvant, à la suite de longues et cruelles souffrances, atteinte d'une paralysie qui lui enlevait l'usage de la moitié de ses membres, se fit porter au tombeau de la sainte, qu'on ouvrit à sa prière; elle y plongea son bras malade d'abord et le retira sain et valide; un instant après, sa guérison était complète.

Le roi Philippe le Long recouvra pareillement la santé à la suite d'un pèlerinage qu'il fit à Longchamp; mais ayant commis de nouvelles imprudences, il retomba malade et se fit porter encore au tombeau de sainte Isabelle. Cette fois, ce fut inutilement, pour le salut de son corps du moins. Les miracles que Dieu fait quelquefois par l'entremise des saints, n'ont point pour but de nous rendre immortels. L'heure dernière du monarque était arrivée, et ce fut au monastère de Longchamp qu'il mourut, en l'année 1321.

Ainsi l'abbaye fondée par sainte Isabelle n'était pas seulement un lieu de pèlerinage pour le peuple. Saint Louis en avait frayé le chemin: la reine, son épouse, et Blanche de Castille l'y avaient accompagné fréquemment; les rois de France ne pouvaient manquer de marcher sur leurs pas. Or, le roi entraîne la cour à sa suite, des princes, des seigneurs et de nobles dames; la ville arrive à son tour, nobles, riches et bourgeois; et tout ce monde, en brillants costumes, se rencontre déjà sur le chemin de Longchamp : et comme la vanité est de tous les temps, peut-être vit-on s'y produire dès lors les modes les plus excentriques, les longues coiffures en pointe et les souliers à la poulaine.

Toutefois les princesses et les grandes dames, à cette époque, suivaient plus volontiers les exemples de piété donnés par les Isabelle et les Blanche de Castille que les extravagances mondaines. Une fille de saint Louis, Blanche de France, sœur de Philippe le Hardi, qui avait épousé le roi de Castille, étant restée veuve avec deux enfants, chercha d'abord à conserver le royaume à ses fils; mais forcée de renoncer à ses légitimes espérances par l'usurpation du frère du roi défunt, oncle de ses enfants, le dégoût du monde la prit; elle se souvint que sa tante, Isabelle de France, avait ouvert la douce retraite de Longchamp aux âmes fatiguées et désabusées; elle s'y retira et s'y fit religieuse. On vit un peu plus tard parmi les sœurs mineures de l'Humilité de Notre-Dame une autre Blanche, fille de Philippe le Long; elle y attira sa cousine, Jeanne de Navarre, fille de Philippe, roi de Navarre, laquelle prit le voile à l'âge de douze ans et ne voulut plus le quitter, alors qu'on lui proposa de rentrer dans le monde. Ce furent ensuite Margurerite et Jeanne de Bourbon, Magdeleine de Bretagne et une foule d'autres dames des premières familles de France, qui illustrèrent par l'éclat de leurs noms et de leurs vertus le monastère de sainte Isabelle. En 1461, la comtesse d'Estampes amenait à Longchamp sa fille qui voulait y prendre le voile. La comtesse demanda qu'on lui fît une faveur qui n'était plus accordée depuis longtemps. Elle obtint qu'on ouvrirait en sa présence le tombeau de la sainte fondatrice de l'abbaye. La sainte cérémonie fut accomplie devant toutes les religieuses du couvent, à l'honneur de sainte Isabelle et à l'admiration de tout le monde : car à peine eut-on soulevé le couvercle du sépulcre qu'il s'en exhala comme un parfum de suave odeur; et quand on fut en présence des restes sacrés de la sœur de saint Louis, on vit, au dire du chroniqueur, « des os jetans l'éclat d'une lueur claire et argentine, ainsi qu'une neige raïonnée de la lune, des os qui sembloient tendre à leur résurrection future et donner déjà quelque indice de leur prochaine glorification. »

Les nobles vocations qui se donnaient rendez-vous au monastère de Longchamp ne pouvaient manquer d'entretenir le courant depuis longtemps établi entre Paris et l'abbaye. Il y avait là était pour le grand monde un centre d'attraction, non-seulement à cause des visites royales, mais à cause des liens de parenté qui existaient entre les nobles religieuses et les familles les plus opulentes du royaume. Ces relations ne pouvaient manquer, de quelques précautions qu'on les entourât, de devenir un jour fatales à la maison qui en était l'objet. Quand on songe, d'un autre côté, aux immenses richesses que possédait l'abbaye, grâce à de royales munificences et à l'opulence des dots que lui apportaient la plupart de ses religieuses, on s'étonnera même que la règle ait pu s'y maintenir pendant plusieurs siècles dans toute sa rigueur. Il est vrai que la Providence avait soin de ménager de temps en temps des remèdes violents qui d'une excessive prospérité réduisaient tout à coup la splendide abbaye à un état voisin de la pauvreté et de la détresse. La guerre était souvent aux portes de Paris ; et la plupart du temps, devant les bandes armées qui tenaient la campagne, il fallait fuir au plus vite et chercher un refuge dans la ville. Quand on rentrait dans la maison, on y trouvait partout le pillage et la ruine, et il fallait se soumettre à une vie de privations et d'austérités en parfaite harmonie avec les constitutions données aux sœurs de l'Humilité de Notre-Dame. Mais l'abondance ne tardait pas à revenir, et l'on s'apercevait que l'abandon même involontaire de la cellule n'avait pas été sans porter de graves préjudices à la régularité de la vie religieuse. Les guerres de religion, au temps de la Ligue, eurent plus que les autres ce déplorable résultat. C'est à cette époque surtout que les filles de sainte Isabelle, qui venait d'être canonisée par Léon X, en 1521, commencèrent à oublier le titre sous lequel avait été fondé leur institut et se mirent à rechercher les délicatesses et les superfluités de la vie mondaine. L'ancienne discipline du couvent était déjà fort entamée au temps où Henri IV, faisant le siége de Paris, ne se fit pas scrupule de chercher des distractions jusque dans l'intérieur du monastère, et y noua avec M$^{lle}$ de Verdun une de ces intrigues au sujet desquelles le monarque chevaleresque n'a trouvé que des jugements trop indulgents de la part de l'histoire et de l'opinion, mais que ne peuvent s'empêcher de condamner sévèrement la religion et la morale.

Sous Louis XIII, le mal était arrivé à son comble. Il faut voir avec quelle indignation saint Vincent de Paul, dans une lettre qu'il écrit au cardinal Mazarin, stigmatise la conduite irrégulière des religieuses de Longchamp, dont les scandales durent effrayer plus d'une fois les âmes des Blanche, des Agnès et des Isabelle. Quel amer tableau le vertueux prêtre est obligé de faire de la vanité et de la coquetterie dont cette maison est devenue le théâtre! Ces longues visites au parloir où le temps se passe en des conversations frivoles, ces parures mondaines, ces atours, ces vêtements immodestes, ces bijoux, ces montres d'or qu'on est surpris de voir dans un couvent, ne sont que des indices trop certains de désordres plus graves encore, et le saint n'a que trop raison de dire :

« Depuis longtemps, le doux parfum du Christ qui régnait dans cette maison a fait place à l'odeur infecte de l'indiscipline et de l'incorrection des mœurs. »

La voix sévère, mais juste, qui s'élevait ainsi, attira sur ces abus l'attention de l'autorité ecclésiastique. L'évêque de Paris entreprit de rappeler les religieuses à l'observance de leur règle et de réformer le couvent. Efforts inutiles ; on ne relevait pas de son autorité et l'on ne devait de soumission qu'au pape. Le vrai public religieux indigné commença à ne plus suivre le chemin qui mène à Longchamp ; le pèlerinage au tombeau de sainte Isabelle était en décroissance depuis longues années, il devint totalement abandonné. C'était une leçon, la plus sensible peut-être, infligée à ces mondaines qui n'étaient pas à leur place dans un couvent. Elle ne fut pas entièrement perdue. Un peu de régularité revint au monastère, et comme il fallait à tout prix y attirer les foules de nouveau, la supérieure imagina de faire chanter en musique avec une solennité inouïe les offices de la semaine sainte et spécialement celui des *ténèbres*, le mercredi, le jeudi et le vendredi. Les meilleurs artistes de la capitale furent convoqués ; des voix admirables prêtèrent aux lamentations de Jérémie comme à l'élégie du *Stabat* des accents inconnus, et bientôt tout Paris voulut assister aux *ténèbres* à Longchamp. Ce qui mit le comble à la vogue dont ces offices étaient l'objet, ce fut, en l'année 1727, l'entrée au couvent d'une célèbre chanteuse de l'Opéra, Mlle Le Maure, qui renonça au monde, prit le voile et fit profession. On l'avait applaudie au théâtre; il y avait quelque chose de piquant à l'aller admirer encore alors qu'elle prêtait le charme de sa voix, non plus à des airs profanes, mais à des chants sacrés. Mlle Le Fel ne se distingua pas moins et obtint le plus grand succès.

Le pèlerinage de Longchamp avait revêtu un nouveau caractère; le tombeau de sainte Isabelle n'en était plus l'objet, mais la piété n'y était pas tout à fait étrangère. La musique religieuse peut être l'accompagnement très-légitime des saints offices; elle a le privilége de parler à l'âme un langage entraînant et de l'appeler à toutes les émotions de la prière, de la reconnaissance ou de la componction. Toutefois, si les préoccupations artistiques, le soin de plaire, le désir d'attirer les foules, sont mis en première ligne, nonseulement le résultat moral cesse d'être atteint, mais l'élément profane domine bientôt toute autre vue et s'établit exclusivement dans un domaine qui n'est pas le sien, au détriment et au grand scandale des âmes pieuses. C'est dans cette pensée que les archevêques de Paris ne tardèrent pas à blâmer les concerts qui étaient devenus la grande attraction du public à Longchamp, et dont les abbesses se croyaient obligées de soutenir l'éclat en demandant aux théâtres de la capitale leurs artistes les plus brillants. L'archevêque Christophe de Beaumont dut prendre bientôt une mesure plus radicale, et fermer absolument l'église du monastère aux foules qui l'envahissaient.

On vit bien alors à quel point la mondanité entrait dans ces fêtes pour lesquelles les cérémonies du culte n'étaient déjà plus qu'un prétexte. L'esprit philosophique et sceptique avait atteint surtout les hautes classes qui cherchaient dans cette promenade, non plus l'occasion de rendre leurs hommages à la Passion du Sauveur en écoutant les harmonieux soupirs de la musique exhalés autour du tombeau de Jésus, mais bien à s'amuser et à se faire voir, à poursuivre sous toutes les formes les intérêts de la vanité, du plaisir et de l'ambition. Le défilé continua chaque année depuis la place Louis XV jusqu'à Longchamp dont les portes ne s'ouvraient plus et dont l'église restait silencieuse. La cour et la ville y venaient inaugurer les modes du printemps; les princes, les seigneurs, les grandes dames et les élégantes s'y rencontraient toujours. Il n'y eut d'interruption que lorsque l'orage révolutionnaire éclata sur la France. Alors que le trône s'écroulait, que les autels étaient renversés, que chacun tremblait pour sa fortune et pour sa vie, le temps ne pouvait plus être aux frivolités du luxe. Mais, le calme une fois revenu, la légèreté humaine se retrouva la même et revint aux mêmes amusements. L'ancienne coutume de la promenade de Longchamp survécut, alors que tant d'autres avaient péri avec la société du passé. Du monastère, qui avait été vendu comme bien national, plus rien ne restait d'ailleurs. Tout avait été démoli, sauf le pignon d'une grange et deux tours, dont l'une se dresse encore, superbe et remise à neuf, dans la propriété de M. Haussman. Près de là, de l'autre côté de la route, se trouve le vieux moulin qu'on a conservé pour le coup d'œil et l'harmonie du paysage.

Longchamp est toujours un site enchanteur. La Seine qui promène ses flots à quelques pas de là, les lacs qu'on a creusés, la cascade, les avenues, les bois et les vastes prairies qui servent de champ de course, font à ses ruines un encadrement splendide ; joignez-y le mouvement des voitures et des promeneurs qui y sont nombreux à certaines heures du jour, alors que le soleil illumine cette riche nature de ses rayons les plus brillants : c'est un aspect à nul autre pareil. Au couchant, s'étendent le coteau et les vignobles de Suresnes, au-dessus desquels s'élance la cime imposante du Mont-Valérien. Vers le midi se développent en demi-cercle les collines de Saint-Cloud, de Sèvres et de Meudon avec de riantes villas, des parcs et des châteaux, au milieu desquels la guerre, hélas ! a promené l'incendie ; puis voici, un peu plus à l'est, la ville de Boulogne avec la flèche dorée de son église ; on comprend qu'avec un tel ensemble de merveilles Longchamp n'a pas même besoin aujourd'hui de l'attrait de ses souvenirs pour voir circuler dans ses larges allées la foule incessante de ceux auxquels la fortune fait des loisirs et de ceux qui ont besoin, après leurs travaux et les ennuis de la ville, de la fraîcheur des eaux, des gazons verdoyants et de l'ombre des grands bois.

## Notre-Dame de Boulogne.

Il y a cinq ou six cents ans, on eût cherché en vain sur les rives de la Seine, aux portes de Paris, un village qui répondit au nom de Boulogne. Déjà cependant, à l'extrémité du bois de Rouvray, *Roveritum*, comme on disait anciennement, s'étaient groupées, sur un terrain plat et marécageux, quelques habitations qui dépendaient de la paroisse d'Auteuil, tout en se réclamant du titre plus célèbre alors de la petite ville voisine dont ce hameau avait pris le nom: on l'appelait Menus-lez-Saint-Cloud. L'abbesse de Montmartre en avait la propriété, en vertu d'un acte de donation que le roi Louis le Gros avait accordé en 1134, à la prière de la reine Adélaïde. Elle y exerçait le droit de haute et basse justice, comme on le voit dans les registres du Parlement de l'année 1316: « *Villa de Menus in qua abbatissa Montis-Martyrum habet justitiam altam et bassam.* »

La ville actuelle doit son nom et, en grande partie, son importance au pèlerinage qui, vers cette dernière époque, commença à s'y établir.

Boulogne-sur-Seine est fille de Boulogne-sur-Mer. Des bourgeois de Paris, qui s'étaient associés pour faire chaque année un pèlerinage à ce sanctuaire depuis longtemps fameux, trouvant sans doute que cet acte de dévotion leur devenait difficile, parfois même impossible, et désirant avoir à leur proximité comme une reproduction du lieu qu'ils aimaient afin d'y satisfaire plus aisément leur piété, formèrent le projet de bâtir une église pareille à celle qu'ils visitaient et d'y établir une confrérie en union avec celle de Notre-Dame de Boulogne-sur-Mer.

Ils durent en demander l'autorisation au roi Philippe le Long. C'était un prince pieux qui avait fait autrefois, avec son père, le pèlerinage du sanctuaire fameux ; il ne put qu'approuver un tel dessein. Il témoigna, dans une lettre datée de l'année 1319, qu'il avait pour agréable le zèle et la ferveur des plus notables habitants de Paris qui, ayant eu la dévotion d'aller tous les ans en pèlerinage à Notre-Dame de Boulogne-sur-Mer, la voulaient conserver et entretenir par l'établissement d'une confrérie et la construction d'une église à la gloire de Dieu et de sa mère. Il décidait en même temps, pour faire honneur aux assemblées des confrères, qu'elles seraient présidées par le prévôt de Paris ou par quelqu'un qu'il désignerait à cet effet.

Ce qui valut au village de Menus le privilége d'être choisi pour être le centre de la nouvelle institution, ce fut une donation de cinq arpents de terrain faite par deux de ses habitants qui s'étaient joints aux bourgeois de Paris dans leurs pieux voyages. C'étaient deux frères, Jean de la Croix et Gérard, scelleur au Châtelet ; ils étaient heureux d'offrir l'emplacement de la nouvelle église dans un lieu convenable, sis au bord de la Seine, comme le sanctuaire de Boulogne l'était sur les grèves de la mer, à proximité de Paris, de telle sorte que les pèlerins pussent venir en suivant le long des bois un sentier solitaire, propre au recueillement et à la prière.

L'abbesse de Montmartre, en qualité de dame du lieu, fut priée de vouloir accorder des lettres d'amortissement lesquelles furent délivrées par elle le dimanche d'après l'Ascension de l'année 1320. Les travaux furent immédiatement commencés. Philippe le Long en posa la première pierre, en même temps qu'il se fit inscrire sur le registre de la confrérie qui avait pour titre : *Magna confratria Dominæ nostræ Boloniensis juxtà mare, constans peregrinis utriusque sexûs fundata in ecclesiâ Dominæ nostræ Boloniensis parvæ propè Sanctum-Clodoaldum.* « La grande confrérie de Notre-Dame de Boulogne-sur-Mer, formée de pèlerins de l'un et de l'autre sexe, fondée dans l'église de Notre-Dame de Boulogne-la-Petite sur Seine près Saint-Cloud. Dès ce moment, ce nom de Boulogne-la-Petite va remplacer celui de Menus.

Les travaux de l'église durèrent dix ans. Philippe V ne put la voir terminée ; son frère et successeur, Charles IV le Bel, également inscrit au nombre des confrères, mourut aussi avant l'achèvement de l'édifice. Philippe VI était sur le trône, quand, en 1330, le monument put être bénit. Il n'avait point une grande importance, c'était plutôt une chapelle qu'une église, car on n'y voyait ni transept ni bas-côtés; mais il avait été construit avec soin et avec goût dans ce beau style du quatorzième siècle dont l'élégance et la légèreté forment le principal caractère. Dès l'année 1329, le pape Jean XXII enrichissait de nombreuses indulgences le nouveau sanctuaire et la confrérie qui venait d'y être fondée, en même temps qu'il donnait à l'évêque Hugues de Besançon des instructions pour qu'il y établît une paroisse. Le prélat se rendit à ces vœux, bénit avec l'église les fonts baptismaux et le cimetière, et fixa les limites du territoire qui devait lui appartenir désormais. Suivant l'abbé Lebeuf, l'église ne fut distraite d'Auteuil et ne devint paroissiale que sous l'épiscopat de Foulques de Chanac, en 1343. Ce qui est certain, c'est qu'à cette époque le nouveau sanctuaire avait, avec sa confrérie, acquis une célébrité qui dépassait toutes les espérances, et l'évêque en rendait témoignage en ces termes : « Par l'intercession de la mère de Dieu, des miracles s'opèrent journellement dans la nouvelle église de Notre-Dame de Boulogne. On y voit grossir le concours des populations pieuses et en même temps le produit des offrandes, legs et autres donations. Les ressources et les biens de cette église, croissant de jour en jour, permettent de donner plus d'éclat au service divin, et font naître l'espoir qu'on pourra bientôt y fonder plusieurs chapellenies [1]. »

Le résultat de cette prospérité fut tout à l'avantage de la paroisse de Boulogne qui vit s'accroître considérablement le chiffre de sa population et l'aisance des habitants, par suite de l'affluence des pèlerins. Les rois, dont les noms étaient inscrits en lettres d'or sur le registre de la confrérie, couvraient l'église de leur haute protection et lui accordaient toutes les faveurs qu'on pouvait le désirer, ainsi que le témoignent des chartes nombreuses du temps. Les fidèles l'enrichissaient de leurs dons et de leurs *ex-voto*, non-seulement en reconnaissance des grâces qu'ils obtenaient, mais encore en vue de profiter des avantages spirituels accordés aux bienfaiteurs du sanctuaire comme aux confrères et aux pèlerins. Outre les indulgences des souverains Pontifes qui devaient aller toujours en augmentant, Imbert, abbé de Cîteaux, venait de donner des lettres par lesquelles il déclarait qu'on devenait, à ces titres divers, participants de toutes les bonnes œuvres, prières et mortifications pratiquées dans cet ordre fameux. L'église qui manquait encore de vitraux ne tarda pas à en être décorée; on y lisait en caractères gothiques les noms des donateurs. On voit dans Moreri que le célèbre Nicolas Flamel, le grand chercheur de la pierre philosophale, qui fit aux églises tant de libéralités, dépensa beaucoup d'argent à Boulogne, à partir de

---

[1]. Gérard Dubois, *Hist. du diocèse de Paris*, tom. II, p. 635.

1393 jusqu'en 1413 ; il paraît très-vraisemblable que ce fut pour contribuer à l'embellissement du sanctuaire.

On y venait en foule de Paris, soit pour y faire un voyage de piété, soit pour assister à quelque cérémonie, entendre un sermon, etc. En 1429, le frère cordelier Richard, à son retour de la Terre-Sainte, [y prêcha un sermon qni avait attiré un grand nombre de Parisiens. Tel fut l'effet de sa parole qu'après que les pèlerins furent rentrés à Paris, « on vit, dit le journal de Charles VI, plus de cent feux en lesquels les hommes brusloient tables, cartes, billes, billards, boules, et les femmes les atours de leurs têtes, comme bourreaux, truffes, pièces de cuir et de baleine, leurs cornes et leurs queues. »

Les liens les plus étroits ne pouvaient manquer d'exister entre l'église mère et celle qui se faisait gloire d'être sa fille. En toute circonstance, Boulogne-sur-Mer s'intéressait à la prospérité et à l'honneur de Boulogne-sur-Seine. Plus d'un siècle s'était écoulé depuis la fondation de la nouvelle Notre-Dame et de sa confrérie, et le sanctuaire n'avait encore reçu qu'une simple bénédiction. Les gouverneurs de la grande confrérie des pèlerins de Boulogne-sur-Mer joignirent leurs instances à celles des marguillers de Boulogne-la-Petite pour obtenir que l'évêque Guillaume Chartier en fît la consécration. Le dimanche 9 juillet 1469, eut lieu, conformément à ces vœux, la cérémonie de la dédicace. Une pierre commémorative qui fut placée dans la nef septentrionale près de la chapelle du Saint-Sépulcre, rappelait cet acte important avec ses principales circonstances. Celle qu'on voit encore sous le portail latéral de l'église est de date plus récente. Elle reproduit ce fait avec plusieurs autres. On y voit que des pèlerins sont allés, sur l'ordre du roi, chercher à Boulogne-sur-Mer un morceau de la très-ancienne statue de la sainte Vierge qu'on y vénère; que cette relique est placée, comme celle de la Sainte-Chapelle, sous la protection des rois de France ; qu'une fois chaque année, ils permettent qu'elle soit portée processionnellement en grande pompe et avec telles marques de respect qu'on doit marcher pieds nus, jusqu'au monastère des dames de l'Humilité de Longchamp.

Il est à propos de rapporter ici la légende de la statue miraculeuse de Boulogne-sur-Mer. Au temps du roi Dagobert, vers l'année 633, on aperçut se dirigeant du côté du port un navire qui s'avançait à travers les flots de l'Océan sans rames et sans matelots, conduit par la main de Dieu ou par le ministère des anges. En ce moment même, de nombreux fidèles se trouvaient réunis dans une chapelle de la très-sainte Vierge qui n'était alors qu'une pauvre demeure couverte de genêts et de joncs marins, mais qui allait acquérir bientôt une immense célébrité dans tout le monde chrétien. La mère de Dieu daigna leur apparaître et leur annoncer l'arrivée miraculeuse du vaisseau dans leur port. Elle leur dit qu'ils y trouveraient son image et qu'ils l'apporteraient dans ce même lieu où toujours elle se plairait à répandre les plus abondantes bénédictions. Quand l'apparition eut cessé, on se précipita vers la mer. Le navire venait d'aborder. On y trouva une image de bois sculpté haute de trois pieds et demi, représentant la sainte Vierge avec l'enfant Jésus sur le bras gauche. On l'accueillit avec des transports de joie indicibles, et on la porta, au milieu des démonstrations de la piété la plus vive, dans le sanctuaire que la Reine des cieux s'était choisi.

Cet événement se trouve raconté en détail dans les anciennes généalogies des comtes de Boulogne. On en voit encore toute l'histoire représentée sur de très-vieilles tapisseries accompagnées d'inscriptions en caractères gothiques :

> Comme la Vierge à Boulogne arriva
> Dans un esquif que la mer apporta
> En l'an de grâce ainsi que l'on comptait
> Pour lors, au vray, six cents et trente-trois [1].

La tradition ajoute qu'on trouva avec la sainte image des reliques de Notre-Seigneur et de la sainte Vierge, pour lesquelles saint Éloi qui visita effectivement ces contrées, fabriqua de riches reliquaires. Mais d'où pouvaient venir ces pieux trésors ? On ne

---

1. De Sivry, *Diction. des pèlerinages.*

peut faire sur ce sujet que des conjectures hasardées. C'étaient peut-être les dépouilles de quelque église d'Orient. A cette époque où les Sarrasins envahissaient la Terre-Sainte, en pillaient les sanctuaires, les fidèles s'efforçaient de soustraire à la profanation les objets qu'ils vénéraient, et plutôt que de les voir tomber en des mains barbares, ils les confiaient à des navigateurs partant pour l'Occident.

Le fragment de la statue qu'avait obtenu l'église de Boulogne-la-Petite y fut conservé religieusement jusqu'aux jours mauvais de la Révolution, où il disparut avec les autres richesses du sanctuaire. Jusqu'à cette époque, la gloire de ce pèlerinage s'était maintenue. Guillaume-Michel de Tours en parle avec honneur dans ses poésies de l'année 1546. Au commencement du dix-septième siècle, ceux qui venaient y prier étaient toujours en très-grand nombre. On voyait alors, au rapport de Dubreul, dans la nef de l'église, un tableau des indulgences accordées par le souverain Pontife. C'était une longue série qui commençait à Jean XXII, en 1329, pour finir à Urbain VIII, en 1631 [1].

Pèlerinage et confrérie avaient eu dans la tourmente révolutionnaire le sort des autres institutions religieuses. Tout avait disparu. En 1853, le curé de la paroisse songea à les reconstituer et obtint du

---

1. *Notre-Dame de France,* tom. Ier, par M. le curé de Saint-Sulpice.

souverain pontife Pie IX toutes les faveurs spirituelles qu'il pouvait désirer. Mais l'église se trouvait elle-même dans un assez triste état. Les restaurations commencèrent, et, en 1860, elle était dégagée des constructions qui l'obstruaient, des bâtiments sans caractère dont elle avait été obstruée à des époques diverses. Les transepts avaient été construits en même temps ; et pour couronner dignement l'édifice, une flèche élégante, dorée sur ses arêtes, s'élevait au centre de la croisée à la hauteur de quarante-neuf mètres. A l'intérieur, la restauration avait été complète. Rien ne manquait plus au monument pour en faire un véritable bijou digne des plus beaux temps de l'art gothique qu'une riche décoration en harmonie avec sa remarquable architecture.

Les pèlerins avaient repris le chemin du sanctuaire, mais les ressources restaient toujours assez modestes. Il fallait, pour qu'on pût s'en procurer, quelque grande circonstance dans laquelle la reconnaissance d'une population se trouverait engagée. Elle s'est présentée au milieu de nos malheurs. La Reine du ciel, qui toujours a protégé Boulogne et l'a mise à l'abri des grandes infortunes de la guerre, s'est montrée, dans ces derniers temps, fidèle à son rôle. Le canon prussien a épargné la paroisse, et ses maisons sont restées debout au milieu des ruines qui s'amoncelaient autour d'elles. Le curé actuel de Boulogne a fait valoir auprès de ses paroissiens cette protection signalée et a su provoquer leur générosité en faveur du sanctuaire de Marie. La souscription ouverte par lui a produit 15,000 francs. C'était trop peu pour décorer l'église tout entière; mais on a pu avec ces dons entreprendre l'ornementation de la chapelle de la sainte Vierge. Les travaux artistiques ont été dirigés avec un goût éclairé et confiés aux plus habiles praticiens. Un splendide autel a été sculpté par M. Froc Robert, revêtu avec une véritable magnificence des plus belles faïences par M. Collinot. Tandis que MM. Gruze et Perrot enrichissaient les murs de leurs fresques, M. Emile Hirsch, peintre verrier, dessinait dans le style du monument de superbes vitraux qui rappellent la manière de M. Flandrin. Un beau groupe en pierre, représentant la Vierge sur un navire accompagnée de deux anges, était placé à gauche de l'autel sur un pilier, qui lui-même est une merveille; le tout rehaussé par l'or et la couleur forme un ensemble splendide. La chapelle a été bénite par M$^{gr}$ l'archevêque. Les dépenses ont dépassé de beaucoup les ressources dont on pouvait disposer; mais on peut, à bon droit, avoir confiance dans l'avenir. Marie a déjà un sanctuaire digne d'elle; et les fidèles, on peut l'espérer, non seulement aideront le pasteur à faire face à ses engagements, mais le mettront en mesure de continuer l'œuvre qui est si bien commencée.

## Saint-Cloud.

En quittant le sanctuaire de Notre-Dame de Boulogne, nous nous dirigeons vers la Seine, et déjà, sur l'autre rive que nous allons gagner, nous voyons se dresser, dominant toute la colline, une église élégante et coquette avec son beau clocher en pierre qui s'élance hardiment dans les airs. Nous ne tardons pas à reconnaître un monument de style roman et d'une date très-récente, car les années n'ont pas encore donné à la construction la teinte la plus légèrement assombrie.

Autour de l'édifice religieux, quelques maisons plus neuves encore, inachevées pour la plupart, commencent à surgir. Tout le reste ne présente plus qu'un monceau de ruines. Des habitations sans toitures, à moitié écroulées, des murs pantelants, noircis par la fumée, des pierres entassées, d'informes débris : voilà tout ce qui reste de la petite ville Saint-Cloud si belle et si riante autrefois. A l'exception de l'église et d'une vingtaine de maisons, tout a péri, non point, comme on pourrait le croire, par suite des exigences et des nécessités aveugles de la guerre, mais par une vengeance réfléchie, par un dessein de l'ennemi froidement calculé et impitoyablement exécuté. Il paraît que les iniquités de la victoire avaient besoin d'être couronnées par un crime.

Nous voudrions n'avoir pas à écrire cette page; mais comment aborder Saint-Cloud, sans y voir tout d'abord cet amas de décombres entassés par des haines sauvages qui semblent nous reporter aux temps où les Normands barbares se ruaient sur nos cités, le fer et la flamme à la main? Comment jeter un voile sur ces horreurs et poursuivre, impassibles, sans une larme dans les yeux, sans un cri de rage dans le cœur, en présence de ces ruines lamentables, le cours de nos tranquilles études?

C'est le crime du vainqueur, avons-nous dit; et qu'on le remarque bien, c'est avec la volonté la plus arrêtée de nous tenir toujours en dehors de toute exagération que nous prononçons cette parole qui sera infailliblement le jugement sévère, mais juste, de l'histoire impartiale. Car il n'est pas question ici de l'incendie qui, le 13 octobre et les jours suivants, a dévoré le palais, cette résidence de nos souverains, où il ne reste plus que des murs extérieurs lézardés et noircis par les flammes, que des colonnes brisées, calcinées par l'incendie, à la place de ces chefs-d'œuvre artistiques, statues, fresques et peintures, détruits dans la demeure royale, mutilés dans les jardins. Que les obus du Mont-Valérien et ceux des remparts aient ou non allumé l'incendie, que les torches de l'ennemi aient ou, non propagé et consommé ici l'œuvre de destruction, il n'importe ; la guerre régnait alors, et ce n'est pas le lieu de rechercher jusqu'où peut s'étendre le droit d'un vainqueur tout-puissant auquel la soumission du vaincu n'a pas encore fait tomber les armes des mains. Mais, dans notre Europe civilisée et chrétienne, le droit des gens existait ; c'était, entre mille autres, un des bienfaits que le sang du Calvaire avait apporté au monde, un bienfait universellement accepté ; devant lui s'inclinaient tous les peuples catholiques, protestants ou schismatiques, pour peu qu'ils ne fussent pas des païens. Eh bien ! ces masures qu'on dirait fumantes encore, dans la ville incendiée, elles proclament que tout cela a été indignement méconnu et foulé aux pieds : et le jugement de Dieu rendra ici le même verdict que celui des hommes.

Le pillage effréné, organisé toutefois et dirigé par des ordres supérieurs, auquel fut livrée, pendant tout le temps que durèrent les hostilités, la malheureuse cité, n'est pas même en cause à ce moment ; il s'agit encore une fois de la destruction de ces demeures paisibles qui ne pouvaient nuire à l'ennemi, commencée au lendemain d'une bataille, poursuivie au mépris de toute justice pendant les négociations de l'armistice et consommée enfin, alors que la signature des préliminaires de la paix était donnée et acceptée de part et d'autre.

D'après un document officiel adressé par les habitants de Saint-Cloud au chef du pouvoir exécutif et à l'Assemblée nationale, « c'est le lendemain du 19 janvier, sur un ordre supérieur et sans doute pour se venger de notre attaque parfaitement légitime, quand Buzenval et Montretout, objets du théâtre de la lutte, étaient abandonnés par les Français, que les soldats ennemis commencent à mettre le feu, sur des points isolés les uns des autres, à Saint-Cloud, à Montretout et sur le coteau. »

« A mesure qu'une maison était déménagée par les pillards, dit un témoin oculaire, les soldats arrosaient de pétrole ou frottaient avec de la graisse les portes et les cloisons, semaient de la poudre et du papier sur les planchers, entassaient de la paille dans les caves et dans les rez-de-chaussée, y mettaient le feu et allaient quelques pas plus loin poursuivre l'exécution de leur consigne [1]. »

« Cette œuvre de destruction, continue le document cité plus haut, commencée dès le 20, pendant l'armistice militaire, s'est continuée le 21 et le 22, atteignant un petit nombre de maisons. Le 23, au moment où les négociations étaient ouvertes, quand, de fait, les opérations étaient suspendues, quand s'arrêtait le feu des forts français et des batteries ennemies, les incendies se multipliaient, et l'on put voir distinctement, des remparts de Paris et du bois de Boulogne, les soldats allemands courant sur la place,

---

1. *Revue des Deux-Mondes,* 1er avril 1871.

dans les rues de Saint-Cloud et sur le coteau de maison en maison, avec des torches enflammées.

« La destruction ainsi poursuivie ne s'est pas arrêtée avec la signature de l'armistice. Le 29, le 30 et le 31 janvier, le 2 et le 3 février, de nouveaux incendies étaient allumés encore. Et les documents qui affirment ces faits attestent que, dans les maisons qui n'avaient pas été dévalisées pendant la lutte, le pillage précédait l'incendie, pillage méthodique comme l'incendie lui-même... Plût au ciel que ces paroles fussent une exagération de langage ! Mais ceux-là seuls pourraient le croire qui n'ont pas vu ces ruines amoncelées et tenté de se rendre compte de la situation de leurs malheureux propriétaires.

« Vingt-trois maisons à peine ont échappé au désastre. Plus de six cents ont péri. Presque toutes ont besoin d'une reconstruction complète. »

Comment l'église a-t-elle été presque seule préservée des flammes ? Serait-ce, comme on l'a dit — la rougeur nous en vient au front, — que ces vandales étaient des catholiques ? Serait-ce, suivant une autre version, qu'un général de l'armée allemande se serait laissé toucher par les supplications d'un Français courageux qui n'avait pas un instant déserté sa maison et se serait jeté, au risque d'être fusillé, aux genoux de l'officier, le conjurant d'épargner au moins l'église ? On ne saurait le dire au juste. Quoi qu'il en soit et quelles que soient les difficultés de l'heure présente, Saint-Cloud renaîtra de ses cendres, les traces inhumaines seront effacées ; ce qui ne disparaîtra pas, ce qui restera mis au ban de toutes les nations, c'est le souvenir déshonorant, pour ceux qui l'ont attaché à leur drapeau, d'un des plus horribles forfaits qu'ait enregistré l'histoire.

Il est temps de s'arracher à ces horreurs et de remonter dans les siècles lointains aux origines de cette ville, pour voir combien elles sont étroitement liées à la mémoire glorieuse du saint dont elle porte le nom.

Tout le monde connaît le meurtre barbare qui ensanglanta le palais des rois mérovingiens aux premiers âges de la monarchie naissante. Des trois fils de Clovis qui s'étaient partagé ses Etats, l'un venait de mourir à l'âge de trente ans, en combattant pour la défense de son royaume : c'était Clodomir, roi de Bourgogne, qui laissait trois fils en bas âge, héritiers légitimes des provinces de leur père, la Sologne, le Gâtinais, le Senonais, le Berry et l'Auvergne ; les deux autres, Childebert et Clotaire, étaient, le premier roi de Paris, le second roi de Soissons. Tous les deux, n'écoutant que leur ambition, songeaient à s'emparer des Etats de Clodomir. Il fallait pour cela se débarrasser de ses trois fils, leurs neveux ; Childebert n'hésita pas à proposer à Clotaire de les faire périr. Les trois orphelins avaient été recueillis par la veuve de Clovis, sainte Clotilde, qui avait concentré sur eux tous les trésors de son affection et faisait son bonheur de leur donner une éducation chrétienne et royale. Clotaire et Childebert la prièrent de leur envoyer les jeunes princes afin qu'il fût procédé au partage du royaume de leur père. La sainte, qui ne se doutait pas des projets atroces qu'avaient formés ses deux fils, acquiesça sans aucune défiance à leur demande ; et les trois enfants, dont l'aîné n'avait pas dix ans, furent conduits au palais des Thermes où le roi de Paris tenait sa cour. Bientôt Clotilde reçut un nouveau message. Arcadius, qui le lui apportait, se présenta, le glaive d'une main et des ciseaux de l'autre : « Choisissez, lui dit-il, le sort qui sera fait à vos petits-fils : ou la mort ou la tonsure. » La chevelure était, chez les Francs, l'apanage de la royauté ; le front qui en était dépouillé, ne pouvait plus porter la couronne. Dans l'explosion de sa douleur, Clotilde ne mesure pas ses paroles et ne peut croire d'ailleurs que ses deux fils soient assez criminels pour égorger leurs neveux : « Mieux vaudrait pour eux qu'ils fussent morts que déshonorés, » s'écrie-t-elle.

Sur cette réponse, Clotaire et Childebert se précipitent dans l'appartement où ils tenaient enfermés les deux fils aînés de Clodomir, Thibaud et Gonthier. Le roi de Soissons frappe à plusieurs reprises le premier de son poignard ; et tandis que la victime expire baignée dans son sang, Gonthier, qui n'est âgé que de sept ans, se jette avec des pleurs et des cris aux pieds de Childebert, embrassant ses genoux et le conjurant de le sauver de la fureur de son oncle. Le roi de Paris, attendri, demande grâce à Clotaire pour cet enfant. « Point de grâce ! ou je te tue toi-même, » lui répond le barbare déjà enivré par le sang; et Childebert repousse alors le jeune prince, qui tombe à l'instant sous les coups de Clotaire et mêle son sang à celui de son frère.

Il ne reste plus qu'un enfant, pour ainsi dire encore au berceau; il est dans le palais, on le cherche pour l'égorger, mais on ne le trouve pas. Qui l'a soustrait à la fureur des meurtriers? On ne saurait le dire. Toujours est-il que le jeune prince, qui s'appelle Clodoald, est en sûreté et que rien ne trahira le secret de sa retraite. Mais qu'on s'imagine de quelle horreur Clotilde fut saisie quand elle apprit l'horrible réalité, et qu'elle ne pût, hélas! obtenir que les cadavres de ses deux petits-fils, pour les arroser de ses larmes et les ensevelir auprès de Clovis, leur aïeul! Pour elle, il n'y a plus de joie au monde désormais; la basilique de Saint-Martin de Tours accueillera sa douleur, et l'ombre du sanctuaire s'étendra sur les derniers jours de l'infortunée princesse.

Cependant Clodoald grandit; ses oncles ne jouissent pas en paix du fruit de leur crime. A la faveur de leurs divisions, l'orphelin peut reconquérir le trône de son père. Il a des amis tout prêts à combattre pour lui. — Non! le jeune prince a jugé les biens de ce monde à leur juste valeur. Pourquoi essaierait-il de venger la mort de ses frères? Echappé par une providence toute spéciale au poignard qui devait l'immoler, va-t-il entrer lui-même dans une carrière sanglante? Non encore, Clodoald est chrétien, et sa religion lui donne d'autres conseils. Il va vivre pour Dieu et s'efforcer de gagner par une vie sainte la couronne des cieux ; celle d'ici-bas, il se refuse à la porter, et fait tomber lui-même sous le ciseau sa royale chevelure. Toute sa vie, dès lors, est consacrée à de saints exercices ; et pour faire plus de progrès dans la science de Dieu et dans la vertu, Clodoald va trouver au bord de la Seine, tout près de Paris, le solitaire saint Severin, se fait son disciple et construit sa cellule auprès de la sienne. Après y avoir vécu quelque temps, pour mieux échapper au monde qui connaissait le lieu de sa retraite et allait l'y troubler, le jeune saint s'en alla chercher en Provence une solitude plus profonde. Il voulait s'y ensevelir pour le reste de ses jours ; mais Dieu qui avait sur lui d'autres desseins, trahit le secret de son ermitage par l'éclat des miracles dont il favorisa son serviteur. Les habitants de Paris en eurent connaissance et supplièrent le saint de revenir auprès d'eux. Son entrée dans cette ville fut un triomphe. Eusèbe, qui en était évêque, se rendit aux prières et aux instances de tout le peuple en conférant les saints ordres au pieux solitaire.

Les monarques francs avaient compris depuis longtemps qu'ils n'auraient jamais un compétiteur dans Clodoald, et, pour le dédommager de la perte de son royaume, ils lui avaient donné plusieurs grandes propriétés. La forêt du Rouvret, *Roviretum* ou *Roboretum*, entre autres, lui appartenait tout entière. C'est de ce côté que le saint tourna ses pas. Ces grands bois franchis, il arriva en face de la Seine et aperçut à mi-côte de l'autre côté quelques maisons éparses qui composaient ce qu'on appelait alors le village de *Novigentum*, Nogent-sur-Seine. Le lieu était assez abrupte, assez solitaire pour avoir les préférences du serviteur de Dieu, qui s'y établit et dont le premier soin fut de construire une église à peu près sur l'emplacement occupé par celle que nous voyons aujourd'hui à Saint-Cloud. Ce nom qui fut donné à Clodoald allait être bientôt celui que prendrait le village. Auprès de l'église, il fit bâtir des maisons pour s'y loger avec quelques prêtres qui allaient y vivre avec lui dans la retraite, dans la mortification et dans la pratique de toutes les vertus. Ce fut le *moustier* de saint Cloud, et ce fut plus tard le lieu de la résidence des chanoines. L'église fut dédiée à saint Martin, le plus illustre alors de tous ceux qui étaient honorés au pays des Francs.

Saint Cloud avait vécu près de cinquante ans dans sa communauté, le sixième siècle touchait à sa fin, quand la mort vint le visiter, le septième jour de septembre, au milieu de ses religieux qui fondaient en larmes. Son corps fut enseveli dans la crypte de son église et recouvert d'une large plaque de marbre noir bleuâtre, sur laquelle fut gravée en caractères romains où les C ont une forme carrée, l'épitaphe suivante :

☦ ARTVB. HVNC TVMVLVM CLHODOALDVS CONSECRAT ALMIS
EDITVS EX REGVM STEMMATE PERSPICVO
QVI VETITVS REGNI SCEPTRVM RETINERI CADVCI
BASILICAM STVDVIT HANC FABRICARE DEO
ECCLESIAEQVE DEDIT MATRICIS JVRE TENENDAM
VRBIS PONTIFICI LVQVE FORET PARISI.

« Le corps vénérable de saint Cloud, issu de la noble race des rois, consacre ce tombeau. Il n'eut pas le sceptre d'un royaume périssable, mais il éleva cette basilique au Seigneur et en donna la juridiction à l'église-mère et au pontife de la ville de Paris. »

Ainsi ce fut le saint lui-même qui établit entre son église et celle de Paris des relations dont la trace se retrouve fréquemment dans l'histoire. Avant sa mort, il avait déclaré qu'il laissait à l'église-mère, c'est-à-dire à celle qui déjà était consacrée à Notre-Dame et qui devait en porter le nom, sa terre de Nogent ; il en laissait d'autres à Saint-Denis et à Saint-Rémy. Dès ce moment, l'église de Paris considéra le corps de saint Cloud comme une de ses reliques les plus précieuses et l'environna de tous les témoignages de son respect et de sa vénération. De toutes parts, on vint bientôt prier à ce tombeau ; et des grâces nombreuses et signalées récompensèrent la piété et la confiance des populations chrétiennes.

Il paraît certain qu'au temps des invasions normandes, le corps du saint dût être tiré de son tombeau et apporté à Paris où l'église métropole fut heureuse de le recevoir. L'auteur qui a écrit au dix-septième siècle la vie de saint Cloud, n'en parle pas ; mais il n'a pas connu, dit l'abbé Lebeuf, tout ce qui se rapporte aux reliques du saint. Il est même probable qu'il y eut plusieurs translations de ses reliques à cette époque. Sitôt que la sécurité était rendue au pays, l'église de Saint-Cloud ou de Nogent, comme on l'appelait encore, réclamait le trésor dont celle de Paris était dépositaire. Les annales parisiennes font mention d'une procession qui eut lieu en l'année 809 : « On vit alors, y est-il dit, une procession nombreuse sortir du village ; les religieux du monastère accompagnés de toute la population, hommes, femmes et enfants, se dirigèrent vers Paris, chantant des cantiques pieux et célébrant les louanges de celui dont ils allaient reprendre les reliques. »

Le patron secondaire de l'église était, après saint Martin, un saint qui, au quatrième siècle, avait vécu dans la solitude aux environs de Nogent et qui dès le temps de saint Cloud, était honoré sous le nom de saint Probas. Son corps ne fut pas transporté à Paris, mais caché dans une vigne et soustrait de la sorte aux ravages des Normands.

La communauté religieuse de Saint-Cloud ne tarda pas à subir une modification. L'église de Paris témoigna de la haute estime qu'elle avait pour elle, en y établissant une collégiale avec neuf chanoines chargés de la desservir. Tout ce qu'on sait relativement au culte du saint dans les âges qui suivirent cette institution, c'est qu'il alla toujours grandissant et que la dévotion du peuple se manifesta par des visites toujours plus nombreuses à son tombeau. Les chanoines songèrent alors qu'il n'était pas convenable de le laisser tel qu'il était, à peine exhaussé de deux pieds au-dessus du sol et recouvert d'un simple revêtement en bois. Ils y firent bâtir un mausolée en marbre, en forme de dôme, porté sur quatre colonnes, ils y entretinrent une lampe, établirent que la fête de saint Cloud serait célébrée solennellement le 7 septembre et le prirent enfin pour patron principal de leur église. Le village fit de même et, dès lors, ne fut plus connu que sous le nom de Saint-Cloud.

L'église métropolitaine de Paris ne tarda pas à montrer encore combien elle était attachée à celle de Saint-Cloud et en quel honneur elle la tenait toujours. Ce fût dans son sanctuaire qu'elle déposa, pendant trois jours, l'inestimable relique de la vraie croix que lui envoyait Anseau, le chantre du Saint-Sépulcre, en attendant que les évêques de Paris, de Meaux et de Senlis vinssent l'y chercher en grande pompe pour la conduire à Notre-Dame. Deux parcelles du bois sacré furent, à cette occasion, données à l'église de Saint-Cloud en mémoire de cette glorieuse hospitalité.

Vers la fin du quatorzième siècle, le doyen et les chanoines jugèrent convenable de retirer de sa crypte et de son tombeau, pour le placer dans un lieu plus apparent, le corps de leur patron. Ils en demandèrent la permission à l'évêque de Paris qui était alors Aimery de Magnac. Le prélat, prenant en considération la foule des pèlerins qui se portaient constamment au tombeau et les miracles qui s'y opéraient, non-seulement y consentit, mais voulut se rendre à Saint-Cloud pour y faire lui-même cette translation. Le 20 avril 1375, il fit ouvrir le cercueil du saint, déposa ses ossements dans une châsse provisoire ou dans une caisse de bois et les fit porter dans le chœur de l'église haute où ils furent déposés à droite de l'autel, peut-être dans l'épaisseur du mur. Il établit qu'une fête serait célébrée chaque année en mémoire de cette translation, et la fixa, non au 20 avril, à cause des fêtes de Pâques, mais au 8 mai.

La petite ville de Saint-Cloud ne tarda pas à ressentir le contre-coup des guerres funestes qui désolaient le royaume. Sa citadelle était aux mains des Bourguignons. Collin de Lisieux, qui la commandait, la livra aux Armagnacs, le 13 octobre 1411. Le duc de Bourgogne ne tarda pas à la reprendre et fit décapiter aux halles de Paris le commandant infidèle. Les troubles continuèrent, et les chanoines eurent peur que le corps de saint Cloud ne fût en péril s'il restait chez eux. Ils demandèrent à l'église de Paris de le recevoir de nouveau, et le portèrent eux-mêmes dans l'église de Saint-Symphorien de la Cité, près de Saint-Denis de la Chartre. C'est en 1428 que se fit cette translation. Il serait difficile de dire si la châsse que le chapitre de Saint-Cloud avait résolu de faire fabriquer pour son patron, était achevée dès ce moment. Il est possible, bien qu'elle portât la date de cette année, qu'elle ait été commencée seulement alors et terminée pendant le temps de l'absence du saint. Ce fût le 12 juillet 1443 que le clergé et les habitants de Saint-Cloud vinrent prendre, dans l'église de Saint-Symphorien, les précieux restes de leur saint et les rapportèrent chez eux dans la châsse qui devait les conserver jusqu'aux jours de la révolution.

Exécutée à peu près à la même époque que celle de saint Germain des Prés, cette châsse dut être du même style et s'en rapprocher par les traits généraux. C'était le beau temps, d'ailleurs, pour l'art de l'orfèvrerie. Elle fut moins riche toutefois que celle de la fameuse abbaye qui pouvait se procurer aisément l'or et l'argent. Ici, le bronze doré remplaça ces métaux. Il y avait cependant aux extrémités deux figures en argent représentant saint Cloud, et bon nombre de pierreries étaient enchâssées dans les fines ciselures du bronze. Deux fois chaque année, le 7 septembre et le 8 mai, elle était portée en procession au milieu d'un concours innombrable de fidèles.

La châsse de saint Probas était plus modeste et simplement en bois doré. L'église possédait encore beaucoup d'autres reliques. Outre les deux parcelles de la vraie croix, conservées au trésor dans une croix de bronze doré, elle avait, dans une châsse de cristal en forme de croix, portée sur un pied de vermeil, un doigt de saint Cloud. Ce reliquaire était plongé dans les eaux qu'on bénissait pour le soulagement des malades. Ces eaux acquéraient alors, grâce à cette bénédiction et à la piété des fidèles, une vertu spéciale pour guérir les écrouelles. Un autre reliquaire, contenant un os du bras de saint Cloud, avait été volé à l'église. Il fut restitué à l'évêque Pierre d'Orgemont qui le rendit, le 15 février 1393, au sanctuaire auquel il appartenait. Il y avait encore une dent de saint Jean-Baptiste enchâssée dans un morceau de cristal de roche orné de quatre perles et de quatre rubis, enfin des reliques de saint Mammès, de saint Zacharie, martyr, des saints martyrs Didier, Vincent, Pie, Fort et Année, de saint Philippe, de saint Benoît et de plusieurs autres.

Le grand attrait du pèlerinage, c'était certainement le corps et le tombeau de saint Cloud, sans parler des souvenirs attachés à ces lieux qu'il avait illustrés par sa vie et sa mort; mais tout cet ensemble de richesses sacrées y contribuait puissamment. Il n'y avait d'ailleurs rien que de très-louable dans cette dévotion, et l'écrivain de la vie de saint Cloud nous donne une idée de la manière dont elle était entendue, parfaitement en harmonie avec l'esprit de la véritable piété :

« Voici, dit-il, ce que doivent faire les pèlerins : On viendra d'abord à l'église, on y verra l'image de

Notre-Seigneur Jésus-Christ, en état d'*Ecce Homo,* posée au-dessus du bénitier, pour inspirer la dévotion et la componction à tous ceux qui entrent. On prendra de l'eau bénite avec foi, et on ira dans le chœur adorer le très-saint Sacrement. On fera des prières devant les reliques de saint Cloud et de saint Probas qui sont exposées dans des châsses des deux côtés de l'autel, et on fera tous ses efforts pour se mettre en état de grâce par la contrition et la confession de tous ses péchés, afin d'assister au saint sacrifice de la messe et d'y communier; ensuite, on fera une station au tombeau de saint Cloud, qui est dans la crypte, sous le chœur. On se fera dire l'évangile sur soi. On assistera avec grande dévotion à l'office divin qui se chante au chœur en l'honneur de saint Cloud, et on laissera quelque offrande à l'église, chacun selon son moyen, avec quelques aumônes pour les pauvres du lieu, qui sont en si grand nombre. On demandera à la sacristie de l'eau qu'on a bénite en l'honneur de saint Cloud et dans laquelle on a fait tremper de ses saintes reliques; et si on a des plaies sur le corps ou quelque maladie, on se lavera avec cette eau. On achètera la *Vie de saint Cloud,* et on la lira dévotement. Enfin, après avoir pris son repas sobrement et avec modestie, on s'en retournera chez soi, louant Dieu et le remerciant de toutes les grâces qu'on en a reçues et admirant les merveilles qu'il fait dans les saints. Chacun instruira sa famille des vertus et des mérites du saint qu'on vient d'honorer, et on fera lire sa vie pour apprendre la manière de le bien imiter. On l'invoquera tous les jours en reconnaissance des grâces qu'on aura reçues par son intercession et pour en obtenir de plus grandes. On fera ce voyage de piété tous les ans, si on demeure dans la même province ; que si l'on en est fort éloigné, ce sera assez de le faire une fois dans sa vie. Si l'on veut faire une neuvaine auprès du tombeau de saint Cloud, on assistera à la sainte messe tous les jours et à l'office canonial, menant une vie sobre et édifiante. »

Le bruit des armes troublait seul, à certaines époques, le calme du sanctuaire et le recueillement de la prière. Par sa position aux portes de Paris, sur une hauteur d'accès difficile, le bourg de Saint-Cloud, avec sa forteresse, était un point trop important pour qu'il ne fût pas souvent le théâtre de luttes sanglantes et l'objet de la compétition des partis. Les guerres de religion surtout devaient y sévir avec fureur. Catholiques et protestants allaient s'en disputer la possession, le prendre et le reprendre, le livrer à la dévastation et au carnage, en faire une place forte et l'entourer de murs et de fossés. Un des premiers exploits des huguenots avait été d'envahir l'église et de mettre en pièces le mausolée de marbre qui couvrait le tombeau du saint. Le monument fut reconstruit plus tard, sinon dans un style, du moins dans une forme qui rappelait l'œuvre du passé ; seulement le marbre fit place au bois, et le dôme porté sur quatre colonnes fut peint d'azur avec des fleurs de lis d'or.

Mais en présence des faits historiques qui se déroulent à Saint-Cloud, l'histoire de son église semble pâlir bientôt et n'occuper plus qu'une place secondaire. C'est à Saint-Cloud que tombe sous le poignard d'un moine fanatique ce roi qui avait fait assassiner à Blois le duc et le cardinal de Guise, comme pour vérifier par sa mort la maxime évangélique : « Celui qui frappe par l'épée périra par l'épée. » C'est au château de Saint-Cloud, bâti par Pierre de Gondy, cardinal-archevêque de Paris, que se rencontrent ou se succèdent toutes les célébrités des règnes de Louis XIII et de Louis XIV. Mazarin l'achète à un contrôleur des finances ; le grand roi en fait présent à son frère Philippe d'Orléans, qui en confie la reconstruction aux Jules Hardouin, aux Lepautre, et aux Mansard, tandis que Le Nôtre en dessine le parc et les jardins. C'est au palais de Saint-Cloud qu'au milieu d'une triste nuit, retentit ce cri que la grande voix de Bossuet allait porter dans la chaire chrétienne et rendre à jamais fameux : « *Madame se meurt, Madame est morte !* » Après plus d'un siècle de propriété dans la famille d'Orléans, Marie-Antoinette en fit l'acquisition, la Révolution le déclara *bien national*, Bonaparte y fit le coup d'État du 18 brumaire, le choisit pour sa résidence, et y reçut le sénatus-consulte qui l'appelait à l'empire, comme plus tard Napoléon III. Au déclin de la fortune du grand homme, le Prussien Blücher allait s'y installer, comme, après la chute du second empereur, la haine et la barbarie tudesques allaient s'y donner carrière par le pillage, le vandalisme et l'incendie ; comme, entre ces deux époques, les Louis XVIII, les Charles X allaient y passer, ce dernier pour y signer les ordonnances de Juillet, causes de sa chute et de l'élévation au trône de Louis-Philippe, que le même palais devait voir dix-huit ans heureux et puissant, pour l'entrevoir encore au dernier jour fugitif et proscrit.

A travers ces grandeurs, comme au milieu des coups de foudre qui frappent les sommets, n'aurons-nous pas un regard cependant pour les destinées moins bruyantes du sanctuaire où repose saint Cloud ? Il eût été difficile de suivre à travers les âges les phases de ses constructions. Plusieurs fois modifiée, agrandie ou rebâtie, sous Dagobert d'abord, vers le onzième siècle ensuite, l'église était, à l'époque qui précéda immédiatement la Révolution, dans un état voisin de la ruine. Marie-Antoinette s'engagea à faire élever un nouveau monument à la place de l'ancien qui fut démoli : elle en posa la première pierre en 1788, les fondations furent faites, les murs sortirent du sol. L'édifice devait être en style grec, le chœur s'appuyer à l'occident, la façade tournée vers l'orient et flanquée de deux tours s'élever au sommet d'un escalier immense qui descendrait jusqu'à la Seine. La Révolution arrêta les travaux et détruisit ces projets. Elle s'abattit bientôt sur la chapelle des Ursulines qui servait provisoirement d'église paroissiale et gardait tous les trésors de celle qu'on avait démolie, pour y piller les vases sacrés et les châsses, y profaner et y détruire les saintes reliques.

Les ossements de saint Cloud furent en partie brulés sur la place publique, en partie enfermés dans un sac et enfouis dans le cimetière, où, bien que la place en soit exactement connue, toutes les recherches faites depuis pour retrouver ces saintes reliques sont restées vaines. Une pieuse dame put sauver du pillage un os du bras de saint Cloud, probablement celui qui était conservé dans un reliquaire à part. Au moment où l'on brisait la châsse, une seconde relique du saint, une des vertèbres dorsales fut également soustraite aux destructeurs avec une partie du suaire qui enveloppait les saints ossements par un habitant de Saint-Cloud, nommé Quittel. Ces reliques conservées avec le plus grand soin ont été remises depuis à l'église de Saint-Cloud, et l'authenticité en a été reconnue par l'évêque de Versailles. La translation de ce précieux trésor se fit avec une grande solennité, le 12 juin 1848, par M<sup>gr</sup> Gros [1]. Une très-ancienne statue en bois de saint Cloud, qui avait appartenu à la vieille église, se voyait au-dessus de la porte d'une maison, au lieu dit le *Pas de*

---

[1]. Nous empruntons ces renseignements et plusieurs autres à la *Notice historique sur le pèlerinage de Saint-Cloud.*

*saint Cloud* parce que, sur un pavé qu'on voit encore, se trouve une dépression produite, dit la tradition, par le pied du saint, au moment où, portant une pierre pour la construction de son église, il fléchit dit-on, sous son pesant fardeau. La statue en fut enlevée par le propriétaire de la maison qui avait, de concert avec sa fille, conçu le dessein de la brûler. Au jour fixé pour cette destruction impie, la jeune fille mourait. La statue, découverte dans les combles de la maison par un nouveau propriétaire, a été soigneusement réparée et rendue finalement à la nouvelle église de Saint-Cloud. C'est à peine s'il reste trace aujourd'hui de l'ancienne collégiale et du cloître; toutefois une partie de l'ancienne crypte existe encore dans une propriété voisine. On suppose que le tombeau du saint pourrait bien s'y trouver.

Après la Révolution, on fut longtemps sans s'occuper de donner une église à Saint-Cloud. Napoléon se proposait de continuer l'œuvre de Marie-Antoinette. La Restauration arriva : une église provisoire fut construite à la hâte, pauvre et triste édifice qui ne répondait que très-imparfaitement à sa destination et qui subsista jusqu'au jour où, grâce à la libéralité de Napoléon III, sur les plans de M. Delarue, fut élevée la charmante basilique que l'incendie des Prussiens a respectée. Aujourd'hui on achève de décorer le chœur de peintures qui paraissent bien entendues, d'un bel effet et d'une parfaite harmonie avec le style du monument.

Mais le pèlerinage de Saint-Cloud, qu'est-il devenu? La Révolution l'a-t-elle enseveli avec les saints ossements qu'elle a ravis à la piété des fidèles? Bien des années se sont écoulées sans qu'il en ait été question le moins du monde. Mais aujourd'hui le pèlerinage est vivant et en pleine voie de prospérité.

Il a été rétabli en 1863, au moment où s'ouvrait au culte, sur le sol occupé jadis par la collégiale, la charmante église romane qui proclame encore aujourd'hui la gloire de saint Cloud et conserve quelques-unes de ses reliques avec son ancienne statue. Cette renaissance du pèlerinage de Saint-Cloud est une œuvre religieuse et nationale. Le petit-fils de Clovis porte, du haut des cieux, intérêt à notre patrie; l'église de Paris ne peut être indifférente à son culte. Aussi, quand la neuvaine est commencée, voit-on chaque jour arriver à Saint-Cloud les paroisses de la capitale et de la banlieue. C'est d'ordinaire le bateau à vapeur qui apporte les nombreux pèlerins conduits par leurs pasteurs. Au débarquement, c'est un spectacle curieux et édifiant dont il faut avoir été témoin. Le clergé de Saint-Cloud a quitté l'église, croix et bannières en tête, est descendu processionnellement vers la Seine pour recevoir les hôtes que Dieu lui envoie; on entonne des chants sacrés auxquels se mêlent toutes les voix, et dans une attitude religieuse on remonte lentement les rues escarpées de la ville; on arrive à l'église qui accueille avec une pieuse allégresse ses religieux visiteurs et, dans son sanctuaire rajeuni, croit voir refleurir la foi des anciens jours et la gloire de saint Cloud.

## Le Mont-Valérien.

Vous est-il arrivé, alors que vous suiviez en la montant la grande avenue des Champs-Elysées, de voir vous apparaître, dans les splendeurs du couchant tout empourpré de soleil, à travers la haute et large ouverture taillée dans les flancs de ce bloc énorme qu'on appelle l'Arc-de-Triomphe, une montagne aux formes sévères, dont le profil avec les lignes droites de ses constructions se détache en noir sur le ciel de feu rayonnant à l'entour. C'est le géant qui veille sur la cité, qui longtemps et vaillamment l'a défendue, calme dans la conscience de sa force, répondant par son tonnerre au tonnerre de l'ennemi et qui n'a courbé son front invincible que le jour où il n'y eut plus de pain dans la ville assiégée. C'est le Mont-Valérien avec sa citadelle.

Est-ce donc un pèlerinage militaire que nous allons y faire? Nullement. Ceux qui voudront le visiter à ce point de vue trouveront des guides compétents sur cette matière. Ce n'est pas le présent que nous allons envisager, c'est l'histoire du passé qu'il nous faut évoquer. Les derniers jours de ce passé ne sont pas si loin de nous toutefois que beaucoup de personnes ne puissent se rappeler encore avoir vu les destinées du Mont-Valérien bien différentes de ce qu'elles sont aujourd'hui. Le Mont-Valérien n'a plus la même destination qu'autrefois, mais que de services encore il peut rendre à la patrie ! On peut donc rappeler aux fidèles les souvenirs qui s'y rattachent présentement, sans chercher à les ramener aux lieux qui ne peuvent plus être consacrés à la dévotion.

Donc, sur cette éminence haute de moins de cinq cents pieds, située au nord-ouest à deux lieues de Paris, il y avait naguère un pèlerinage fameux depuis plus de huit siècles dans toute la France. On y montait par des sentiers étroits et escarpés, bordés à droite et à gauche, non pas de gorges sauvages comme dans les solitudes de la Grande-Chartreuse, mais bien d'une riche végétation, de moissons jaunissantes et de ces beaux vignobles de Suresnes qu'aimait le bon roi Henri IV. C'est toujours le même aspect. A mesure qu'on s'élève, un horizon immense se déploie, on découvre l'immense vallée à travers laquelle serpente la Seine comme un ruban argenté, et du même coup toute cette masse de constructions qui forment, en s'étendant à perte de vue, la grande Babylone moderne. Ici, sur la hauteur, c'est le silence et le calme des champs ; là, tout au fond, c'est le bruit incessant de la rue, le va et vient, le pêle-mêle de la vie active, le choc des intérêts et des passions, et trop souvent les folles clameurs de la révolution.

Ce que venaient chercher les anciens pèlerins sur le Mont-Valérien, c'était la solitude et le recueillement. On les y trouverait encore, seulement la sanctification qui les y accompagnait alors n'y est plus. C'était, dès les âges les plus lointains, une vraie Thébaïde aux portes de Paris. La vie érémitique et cénobitique y était, assure-t-on, dès l'an 1050, tout à fait florissante. A quelle époque en doit-on faire remonter les commencements? Il n'est pas possible de le dire. On n'a, sur l'histoire la plus ancienne du Mont-Valérien, que des traditions vagues et confuses. On ignore l'origine même de son nom. Il est pour le moins fort douteux que l'empereur Valérien, père de Gallien, ait été pour quelque chose dans cette désignation. Peut-être la colline était-elle la propriété de quelque Gallo-Romain qui s'appelait *Valerius* ou *Valerianus;* c'était un nom qu'on rencontrait alors très-fréquemment. Toujours est-il qu'elle avait été, dès le temps des druides, tenue en grande vénération, ainsi que le prouvent les découvertes qu'on y a faites de grands et vastes tombeaux qui reçurent sans doute les personnages les plus considérables d'alors, antérieurs à l'ère chrétienne.

Toujours, aux abords des villes, les cimes élevées ont eu dans la pensée des peuples un caractère de consécration religieuse. C'est sur les hauts lieux que sacrifient les Juifs, sur des sommets que la Grèce construit ses temples; et Rome n'oublie pas de sanctifier pareillement les sept collines sur lesquelles elle est assise. On s'explique donc que le Mont-Valérien ait été comme désigné de bonne heure à la vénération de la cité qu'il couvrait de son ombre. Si l'on veut s'en tenir toutefois à des documents précis et certains, on n'en trouve pas qui soient antérieurs au treizième siècle. Il en est question pour la première fois dans un cartulaire du chapitre de Saint-Cloud et dans une lettre d'Odon de Sully, évêque de Paris, de l'an 1204. Ce n'est que deux siècles plus tard qu'on trouve le nom d'un ermite qui y vivait alors. Il est à croire que ces saints personnages s'enfermaient dans leur humilité et mettaient à se faire oublier le soin que d'autres apportent à faire parler d'eux.

Vers l'an 1400, au temps du roi Charles VI, nous savons qu'un pieux reclus avait sa cellule au revers oriental de la colline du côté de Suresnes, dans cette région qui s'appelait, depuis l'an 1212, le Canton de la Croix,.parce qu'à cette époque on y avait planté une croix. C'est donc là, sur la paroisse de Suresnes qu'il faut chercher la première origine et comme le berceau de ce fameux Calvaire qui fut établi plus tard au sommet de la montagne sur la paroisse de Nanterre. Le reclus du Canton de la Croix s'appelait Antoine. Il avait une haute réputation de sainteté, et les personnages les plus distingués s'intéressaient aux exemples de vertu et de mortification chrétienne qu'il donnait, si bien que le fameux chancelier Jean Gerson de l'Université ne fit pas difficulté de composer et d'écrire un règlement de vie érémitique à l'usage du solitaire. On pense que d'autres ermites se trouvaient dans le même temps en assez grand nombre au Mont-Valérien et qu'ils y desservaient une petite chapelle connue sous le nom de Notre-Dame de Bonne-Nouvelle. Mais au milieu des déchirements de la guerre civile, des luttes continuelles des Armagnacs et des Bourguignons, et des troubles causés par l'invasion étrangère, la petite société des reclus dut se disperser; on perdit de vue les ermites du Mont-Valérien, si toutefois il y en eut encore, et il n'est plus aucunement question d'eux jusqu'en l'année 1556.

Chose singulière! c'est une femme, jeune encore, qui reprend alors les traditions interrompues de la vie solitaire. Elle s'appelle Guillemette Faussart, elle est de Paris et de la paroisse de Saint-Sauveur. Elle appartient à une bonne et honnête famille qui l'élève dans la piété et dont elle fait les délices par sa douceur, sa docilité et par toutes ses qualités. Elle est recherchée en mariage par un jeune seigneur de la cour de François I$^{er}$. Les parents de Guillemette l'ont agréé; et la jeune fille a laissé volontiers son cœur suivre la pente d'un amour légitime, et s'y complaît d'autant plus qu'elle est assurée que son futur époux ne l'empêchera point d'aimer Dieu. Le mariage va se faire. Tout à coup la guerre éclate entre Henri II et Charles-Quint, et l'honneur fait un devoir au jeune homme d'y prendre part. Il part pour l'Italie avec l'armée française, se jette dans la ville de Sienne défendue par le brave Montluc, et dans une sortie se fait tuer en combattant vaillamment.

Guillemette qui attendait le retour de son fiancé pour voir se réaliser tous ses rêves de bonheur, apprit avec une stupéfaction douloureuse la terrible nouvelle qui renversait tous ses projets, et sentit dès ce moment le premier appel du Seigneur à une vie plus parfaite. Sa mère, frappée comme elle et moins forte pour supporter une pareille épreuve, mourut quelque temps après et fut, suivant son désir, enterrée au Mont-Valérien où ne tarda pas à la rejoindre le chef de cette famille chrétienne. Dès lors, la jeune fille prit un grand parti, dit adieu pour jamais au monde et à toute les espérances que l'avenir pouvait lui donner encore, et alla s'enfermer dans une cellule auprès de ceux qu'elle avait perdus. Elle y vécut dans une austérité effrayante, s'abstenant de vin et de viande, se nourrissant de pain et d'eau en si petite quantité, qu'il semblait qu'elle n'était soutenue que par la sainte Communion qu'elle recevait le plus souvent possible. Elle mit tous ses soins à faire élever, au sommet du Mont-Valérien, une petite chapelle du nom de Saint-Sauveur en souvenir de sa paroisse ; et la tradition rapporte que, toutes les nuits, elle était occupée à puiser de l'eau qu'elle transportait du bas de la colline jusqu'au haut, en telle abondance, qu'elle pût suffire pendant tout le jour aux travaux des constructeurs. Après cinq années d'une pareille vie, elle mourut en 1561, toute macérée par les jeûnes, les veilles et les travaux, et fut ensevelie auprès de ses parents.

Avant de mourir elle avait fondé une chapellenie et l'avait dotée de tous ses revenus, on put ainsi établir en ce lieu une communauté de pénitents, qui furent les imitateurs de ses vertus et des saintes rigueurs dont elle avait donné l'exemple. On cite, en particulier, un pieux solitaire qui, après avoir pris chez les Chartreux l'habit des ermites, vint occuper la cellule laissée vide par la mort de Guillemette. Il était natif du village de Chaillot et s'appelait Jean du Houssay. Toute sa vie fut marquée au cachet de la plus rude mortification, il passait les jours et les nuits dans l'exercice continuel de la prière, toujours vêtu d'un rude cilice, et se couchant dans une bière quand il avait absolument besoin de prendre un peu de repos. Sa nourriture ne se composait que de pain et d'eau et de quelques racines ; et c'est à peine si, dans sa dernière maladie, quelques jours avant sa mort, on put le faire consentir à prendre un peu de vin. Grande était la réputation de sa sainteté ; les habitants de Suresnes eurent recours plus d'une fois à ses prières et en éprouvèrent l'efficacité. Les rois Henri III et Henri IV vinrent, à différentes reprises, le visiter dans sa cellule, pour lui demander de prier pour eux et pour leur royaume. Les guerres qui désolaient alors la France, l'obligèrent plus d'une fois à quitter sa retraite : il s'en allait alors chez les Chartreux. On avait si bien la confiance que sa vie mortifiée contribuait à désarmer la colère de Dieu, qu'on ne le voyait pas sans peine s'éloigner de son asile solitaire. On en trouve la preuve dans une pièce très-curieuse qui lui fut adressée par René Benoist, curé de Saint-Eustache, et qu'on peut voir encore à la Bibliothèque nationale sous ce titre : *Briefve exhortation faicte au Mont-Valérien, le jour de saint Bernabé* 1580, *pour la consolation, confirmation, persévérance de frère Jean de Chaliot, anachorète illecques reclus.* Il mourut après quarante-six ans de retraite, à l'âge de soixante-dix ans, le 3 avril 1609, et fut enterré auprès de Guillemette Faussart. Plusieurs martyrologes lui donnent le titre de vénérable.

La réputation de sa sainteté attira d'autres solitaires au Mont-Valérien, entre autres Thomas Guy Gadon, né à Morlaix en 1574, et Pierre de Bourbon, né à Blois, qui lui succéda dans sa cellule, et Jean Le Comte du Mans, qui mourut en 1638 après quarante années de réclusion. Tous ces solitaires habitaient le revers du coteau qui regarde Suresnes. Vers 1640, Robert Piles, propriétaire de l'autre versant qui descend du côté de Ruel, permit à trois ermites de s'y établir sous la dépendance de l'abbaye de Saint-Denis : c'est là que vécut Séraphin de la Noue, et un peu plus tard Nicolas de la Boussière. D'autres solitaires en grand nombre, dont on n'a pas conservé les noms, étaient venus les y rejoindre. C'étaient tous des laïques. Ils avaient l'habitude de faire leurs pâques à l'église de Nanterre ; à partir de l'année 1633, ils obtinrent la permission de satisfaire à ce devoir dans leur propre chapelle. Vers l'an 1660, le grand pénitencier de Paris, Hébert, leur donna à suivre une règle très-austère qui partageait leur temps entre les exercices religieux et les travaux manuels, sans les astreindre toutefois par des vœux, les laissant libres de quitter ce genre de vie, s'ils n'avaient pas le courage de le suivre.

Les solitaires s'occupèrent alors à faire, au Mont-Valérien, des terrassements qui furent pour les cultures voisines d'une incontestable utilité. Les habitants de Suresnes avaient vu fréquemment se produire des éboulements qui précipitaient sur leurs vignes, à leur grand détriment, des avalanches de terres détachées du sommet de la montagne. C'est grâce aux travaux des ermites qu'on n'eut plus rien de tel à redouter dans la suite.

Ainsi, en plein cœur du dix-septième siècle, à quelques pas de Paris où les philosophes dressaient déjà leurs batteries contre la religion, la vie solitaire se développait dans sa fleur la plus pure; et l'on eût pu s'y croire encore au temps des Antoine et des Paul. De tels exemples n'étaient pas sans influence sur le siècle; les âmes chrétiennes en étaient édifiées et souvent elles devaient reconnaître qu'elles avaient besoin de se retremper au contact de cette sainte énergie afin de résister à la mollesse et à la corruption de l'époque; les natures qu'on eût cru les plus rebelles, en subissaient elles-mêmes le charme. Voici ce que raconte Bernardin de Saint-Pierre :

« Un jour, nous étions allés avec Jean-Jacques Rousseau, promener au Mont-Valérien ; quand nous fûmes parvenus au sommet de la montagne, nous formâmes le projet de demander à dîner aux ermites. Nous arrivâmes chez eux un peu avant qu'ils se missent à table et pendant qu'ils étaient à l'église. Jean-Jacques me proposa d'y entrer et d'y faire notre prière. Les ermites récitaient alors les litanies de la Providence, qui sont très-belles. Après que nous eûmes prié Dieu dans la petite chapelle et que les ermites se furent acheminés à leur réfectoire, Jean-Jacques me dit avec attendrissement : Maintenant j'éprouve ce qui est dit dans l'Evangile : « Quand plusieurs d'entre vous seront rassemblés en mon nom, je me trouverai au milieu d'eux. Il y a ici un sentiment de paix et de bonheur qui pénètre l'âme. » — Je lui répondis : « Si Fénélon vivait, vous seriez catholique. » — Il me répartit hors de lui et les larmes aux yeux : « Oh ! si Fénélon vivait, je chercherais à être son laquais pour mériter de devenir son valet de chambre. »

Cependant le Mont-Valérien allait entrer dans une nouvelle phase de son histoire, où la piété chrétienne devait trouver des attraits et des encouragements nouveaux. La croix qui, dès le treizième siècle, avait été plantée au flanc de la montagne, sur le territoire de Suresnes, répondait trop bien au sentiment religieux qui regardait cette place comme un lieu sacré, pour qu'on ne songeât pas à en perpétuer l'existence.

Seulement, sous Louis XIII, on songea à l'élever dans un endroit plus apparent au sommet du Mont-Valérien ; et pour rappeler plus vivement à l'esprit l'idée du Calvaire, on la mit entre deux autres croix, et l'éminence prit le nom de montagne des Trois-Croix. Ce fut cette particularité, jointe à d'autres considérations, qui donna à un prêtre plein de zèle, la pensée d'ériger au Mont-Valérien un véritable Calvaire, à l'exemple de celui qu'il avait fondé sur la montagne de Betharam dans le Béarn.

Hubert Charpentier, né à Coulommiers en 1563, ayant embrassé l'état ecclésiastique et pris ses grades dans l'Université, professa d'abord la philosophie à Bordeaux, et quitta cette position qui ne lui permettait pas de travailler à son gré au salut des âmes. L'archevêque d'Auch l'appela dans son diocèse, et lui confia le soin d'évangéliser les contrées les plus sauvages et les plus incultes du pays. Il y fit des merveilles. Il aimait la solitude et s'y reposait plus volontiers qu'ailleurs des fatigues de son apostolat. Il avait trouvé une retraite, qui, pour lui, était pleine d'attraits, dans un lieu perdu au milieu des landes, nommé Guaraison. Il y avait eu là autrefois une petite chapelle de la sainte Vierge qui depuis avait été ruinée par les huguenots. Alors qu'il priait au milieu des ronces et des débris qui couvraient le sol, il se sentit frappé comme d'une inspiration de la pensée de rétablir à cette place même le culte de Marie. Il s'en ouvrit à l'archevêque qui approuva son dessein ; et grâce à son zèle comme aux pieuses largesses des fidèles, la chapelle fut bientôt rebâtie et devint le centre d'un pèlerinage très-fréquenté. A Betharam, l'hérésie avait passé comme à Guaraison, elle avait impitoyablement incendié et renversé le fameux sanctuaire qui s'élevait sur un rocher à la gloire de Marie. On disait qu'en ces lieux une petite statue de la Vierge, avait été trouvée par des enfants, qu'elle était revenue constamment au même endroit, abandonnant les autres chapelles qu'on voulait lui donner et faisant voir ainsi que la volonté de la mère de Dieu était d'être honorée sur cette montagne. La reconstruction du sanctuaire en ruines devait tenter le zèle du missionnaire, qui avait si bien réussi à Guaraison. Il en accepta la charge avec joie, commença par élever une croix sur la pointe du rocher, y prêcha plusieurs fois, au milieu d'un immense concours du peuple fidèle, triompha bientôt de tous les obstacles et put mener son œuvre à bonne fin. De nombreux miracles signalèrent de bonne heure la nouvelle chapelle à la vénération du monde catholique. L'archevêque de Toulouse, Pierre de Marca, qui mourut archevêque nommé de Paris, en publia la relation en 1646. Parmi les faits qu'il cite, il en est un qui frappa surtout Hubert Charpentier, et lui inspira de nouveaux projets pour la gloire de Dieu. Cinq paysans qui se trouvaient un jour sur la montagne, virent un ouragan furieux se déchaîner contre la croix du rocher et la renverser. Un instant après, elle se relevait d'elle-même et se trouvait solidement plantée sur le roc. Hubert Charpentier en conclut qu'il plaisait au Seigneur d'avoir, à côté de la sainte Vierge, un culte spécial en l'honneur des mytères de sa Passion. Il y éleva donc un Calvaire avec trois croix, et différentes chapelles qui représentaient les principales scènes du grand drame de la Rédemption. Jamais dévotion n'obtint un plus grand succès et ne devint si promptement populaire. La montagne ainsi sanctifiée vit bientôt accourir des milliers et des milliers de pèlerins jaloux d'offrir leurs hommages au Sauveur crucifié.

Le saint prêtre, ayant accompli son œuvre sur ce point, se tourna bientôt d'un autre côté. Il lui sembla qu'une telle dévotion ne pouvait être confinée à l'extrême frontière du royaume, et qu'il fallait l'implanter au cœur même de la France. Il vint à Paris dans cette pensée ; et les trois croix du Mont-Valérien ayant frappé ses regards, il lui sembla que la place d'un nouveau Calvaire se trouvait ainsi désignée, que ce serait un spectacle moralisateur pour la grande ville de voir se dresser au-dessus d'elle l'instrument du salut, non plus abandonné, mais glorifié par une affluence sans cesse renouvelée de pieux visiteurs qui s'arracheraient à leurs affaires et à leurs plaisirs, pour venir sur la sainte montagne, s'y trouver face à face avec Dieu et n'y porter d'autre préoccupation que celle de leurs intérêts éternels.

C'était, pour un pauvre prêtre dénué de ressources, une rude tâche à entreprendre. La première chose à faire, c'était de se concilier la faveur du ministre tout-puissant dans le royaume, le cardinal de Richelieu. Il y réussit pleinement. Le cardinal promit de l'aider dans l'exécution de ses projets et nomma une commission chargée d'en favoriser la réalisation. Il fallait ensuite acheter les terrains qui appartenaient à des particuliers, obtenir l'assentiment des religieux de Saint-Denis et de Sainte-Geneviève, qui étaient aussi propriétaires, et les désintéresser. Ce ne fut pas le plus facile. Enfin des lettres patentes du roi étaient nécessaires. Elles eussent été obtenues sur le champ, si l'abbé Charpentier n'avait pas exigé de la manière la plus absolue qu'il n'y eût en ces lieux ni cabarets ni foires ni marchés. On trouva d'abord que cette prétention semblait porter atteinte à la liberté publique. Les lettres furent enfin accordées. Le 12 septembre 1634, l'archevêque Paul de Gondy permit également d'ériger une chapelle au Mont-Valérien et d'y établir une congrégation de treize prêtres placés sous sa juridiction. Grâce à de généreuses libéralités et à l'appui de personnages influents, parmi lesquels il faut citer le nouvel abbé de Sainte-Geneviève, le cardinal de la Rochefoucauld, le Calvaire, avec sa chapelle et ses trois croix, fut enfin établi. Les guerres civiles qui désolèrent les environs de Paris de 1649 à 1652 respectèrent le nouveau monument; et quand, sur ces entrefaites, mourut le pieux fondateur, son œuvre était en pleine voie de prospérité. Il fut enseveli au Mont-Valérien et son cœur fut porté à Bétharam.

Avec la congrégation des prêtres du Calvaire, une confrérie dite de la Croix avait été instituée. Les hommes du peuple et les grands seigneurs s'y firent inscrire en foule. On trouverait sur ses registres les noms de toutes les illustrations du grand siècle. La reine-mère et la reine Marie-Thérèse d'Autriche, après s'être dépouillées de tous les insignes de leur dignité, voulurent faire en grande dévotion le pèlerinage du Calvaire, et sollicitèrent l'honneur d'être admises dans la confrérie. Les princes, les princesses, les seigneurs de la cour s'empressèrent de marcher sur leurs traces. Un instant, les religieux jacobins eurent la prétention de se substituer aux prêtres de la congrégation et s'emparèrent même en quelque sorte de vive force de leur maison; mais un arrêt du parlement, en 1664, ne tarda pas à réintégrer dans leurs droits les propriétaires légitimes.

La princesse de Condé fit élever à ses frais une petite chapelle consacrée à l'un des mystères de la Passion. M$^{me}$ de Guemenée et M$^{me}$ de Guise, abbesse de Montmartre, en construisirent deux autres; puis, les ducs de Joyeuse et de Liancourt suivirent ces exemples, et l'on compta dès lors sept chapelles au Calvaire. Des liens étroits s'établirent bientôt entre la congrégation qui eut pour supérieurs Pierre Couderc et Louis de Marillac et la célèbre communauté de Saint-Sulpice. On y donna dès lors chaque année au Mont-Valérien des retraites pour le clergé, auxquelles ne manquait jamais d'assister le cardinal de Noailles. En l'année 1700, alors que le pèlerinage était plus florissant que jamais, que les sentiers du Calvaire ne désemplissaient plus, on construisit une nouvelle église plus propre à recevoir la foule des visiteurs. Derrière le grand autel, on plaça le tombeau de Notre-Seigneur avec des statues de grandeur naturelle. Les trois croix furent dressées sur la terrasse devant l'église qui se trouvait sur le territoire de Nanterre. Cependant cette dévotion populaire ne fut pas toujours exempte des abus inhérents aux meilleures choses d'ici-bas. Dans la nuit du jeudi au vendredi saint, les pèlerins partaient à pied de Paris, portant sur leurs épaules de grandes et lourdes croix qu'ils traînaient à travers le bois de Boulogne et sur la montagne. Ces pèlerinages nocturnes avaient leurs inconvénients, et le cardinal de Noailles dut les interdire.

La piété trouva bientôt un nouvel et légitime aliment dans la vénération d'une relique auguste de la vraie croix. C'était une portion de la croix, donnée par la princesse palatine à l'abbaye de Saint-Germain des Prés. On en fit la translation avec beaucoup de solennité au milieu d'un concours prodigieux de fidèles. Toutes les fêtes de la Croix attiraient d'ailleurs la même affluence au Calvaire ; dans le courant des neuvaines, les curés de Paris ne manquaient pas de s'y rendre avec leur clergé et leurs paroissiens.

Les choses demeurèrent en cet état jusqu'aux premières années de la grande Révolution. Alors tout croula, tout fut emporté par la tempête. Les prêtres étaient dispersés, les croix et les chapelles étaient renversées. Le terrain fut mis en vente comme propriété nationale, et fut acquis par le conventionnel Merlin de Thionville. Ce personnage eut-il la triste idée de se faire l'imitateur des impiétés de l'empereur Adrien qui, sur le Calvaire de Jérusalem, avait élevé un temple à Vénus? On le dirait. Une sorte de kiosque fut construit par lui au Mont-Valérien, avec la statue de l'impure déesse; et toute son habitation reçut bientôt le caractère d'un lieu consacré à la débauche. Les fidèles protestèrent contre ces iniquités en suscitant tous les ennuis possibles au propriétaire qui, quelques années après, mit le Calvaire en vente et le céda pour la somme de 120,000 fr. à l'abbé Goix, curé de l'Abbaye-aux-Bois. M. Goix mourut sans avoir pu faire face à ses engagements; mais un pieux laïque s'en chargea et, avec le concours de M. Emery, curé de Saint-Sulpice, fit relever les croix et les chapelles. Des Trappistes s'y étaient établis et les pèlerinages avaient repris leur cours, lorsqu'en 1807, un caprice de l'empereur en chassa les religieux. Napoléon dépensa inutilement 700,000 fr. dans une tentative d'établissement en faveur des orphelines de la Légion d'honneur, et dut renoncer à ses projets.

L'abbé de Forbin-Janson, qui fut plus tard évêque de Nancy, se fit l'acquéreur des terrains et des constructions. Louis XVIII contribua aux dépenses exigées pour l'appropriation de la maison laquelle fut confiée aux missionnaires de France. La confrérie de la Croix fut rétablie et Madame la dauphine fut une des premières à s'y faire inscrire. Le pèlerinage reprit avec tout l'éclat d'autrefois. La capitale tout entière répondait aux chaleureux appels de M. de Forbin-Janson. Les fêtes du Calvaire étaient redevenues populaires. Les princes et les princesses y allaient fréquemment, et le roi lui-même ne manquait pas de s'y rendre avec les grands dignitaires du royaume pendant la neuvaine de la Pentecôte. Mais cette renaissance, si brillante qu'elle fût, devait être d'une courte durée. Le vent d'une nouvelle révolution soufflait déjà sur la France, et l'année 1830 allait clore l'histoire religieuse du Mont-Valérien.

L'œuvre de M. de Forbin-Janson a été retracée dans une page éloquente qu'il faut citer parce qu'elle n'est pas de celles qu'on peut analyser :

« A l'occident de Paris, sur une hauteur embrassée de trois côtés par les replis de la Seine, et d'où l'œil regardait tranquillement un immense horizon, M. de Janson possédait, avec un simple manoir, une chapelle ornée de quelques tombeaux de famille. Il était venu là souvent comme en un lieu domestique et solitaire ; il y avait réfléchi sur lui-même et sur toutes les grandeurs dont le théâtre se développait à ses pieds. Quelque route qu'il prît, il arrivait à des lieux célèbres. Un sentier le conduisait à Nanterre, berceau de sainte Geneviève ; un autre à la Malmaison, séjour illustré par la fortune de Napoléon et la disgrâce de Joséphine ; plus loin, mais tout proche encore, c'était Marly, où Louis XIV venait se reposer de Versailles ; sur le revers opposé, on touchait à la forêt de Saint-Cloud et aux îles ombragées de Neuilly ; aux extrémités de la plaine, apparaissaient Saint-Germain, Saint-Denis et Paris. Il était impossible de s'asseoir là sans que l'âme y fût visitée par de bonnes visions, tant la nature y était belle, l'espace sublime, les souvenirs radieux. M. de Janson résolut de donner ce lieu désert à un million d'hommes en y plantant une croix. Il se rappelait que le Sauveur du monde avait dit : « *Quand j'aurai été élevé de la terre, j'attirerai tout à moi*. » Sa parole était-elle si fort glacée par l'âge qu'elle ne pût s'accomplir à la face de Paris ? La croix fut plantée ; les fondements d'un hospice et d'une église se montrèrent de loin au-dessus du sol ; la solitude cessa. On vit chaque année des pèlerins sans nombre, étrangers et citoyens, se presser aux portes de Paris, passer le fleuve sur des ponts et des barques, et gravir joyeux les pentes escarpées ou sinueuses de la montagne, attirés par cette croix qui, depuis dix-huit siècles, tient le monde suspendu à ses bras. Sainte montagne, comment vous aurai-je oubliée dans mon récit ? Ne vous ai-je pas visitée quand ma jeunesse était florissante et que la vérité commençait de se révéler à moi ? N'ai-je pas connu tous vos détours ? Ne me suis-je pas assis sur vos pierres pour y parler de Dieu, à l'ombre brillante du soleil couchant? Et plus tard, après vous avoir vue dans vos jours de fête, je vous ai revue dans vos jours de désolation ; comme un ami fidèle qui survit à la fortune, j'ai suivi vos sentiers abandonnés ; j'ai mangé à la table du vieux manoir demeurée hospitalière dans le malheur ; j'ai regardé de pieuses mains enlever de votre cimetière des os précieux qu'elles n'osaient plus vous laisser. Tout était changé pour vous, hormis le cœur de ceux à qui vous avez fait du bien et en qui vous revivez par l'immortalité de leur souvenir [1]. »

Ces regrets de l'illustre orateur ont trouvé dans nos cœurs un fidèle écho. Toutefois, puisque la consécration chrétienne devait être, sur le vieux mont, remplacée par une destination guerrière, nous ne saurions oublier la fière attitude de la citadelle enfermée par l'ennemi dans un cercle de feu. Nous pouvions lui souhaiter des destinées plus heureuses, il n'était pas au pouvoir de l'homme de lui en faire de plus glorieuses ; et lorsque nous l'avons vue briser en un jour la criminelle insurrection de la Commune et préparer le salut de la France, nous ne pouvons lui refuser une large place dans notre reconnaissance et nous nous plaisons à proclamer, qu'après avoir bien mérité de la religion, elle a bien mérité de la patrie.

---

1. Le P. Lacordaire, *Eloge funèbre de Mgr de Forbin-Janson*.

## La sainte tunique d'Argenteuil.

Il paraît assez étrange, au premier abord, qu'une petite ville qui n'a jamais fait grande figure dans l'histoire et qui en reste assez inconnue, puisse se vanter encore aujourd'hui de posséder le véritable vêtement de Notre-Seigneur Jésus-Christ. Que la basilique de Trèves ait été enrichie d'un pareil trésor, on se l'explique ; mais s'il en existe quelque part un autre — ce qui n'a rien d'impossible, car le Sauveur était vêtu comme ses compatriotes, et trois pièces principales, la tunique, la robe et le manteau devaient entrer dans son costume — il semble qu'un sanctuaire fameux, Aix-la-Chapelle, par exemple, cette immense châsse toute pleine de saintes reliques ou quelque autre grande église a dû réclamer et obtenir l'honneur de le conserver; que s'il devait venir aux portes de Paris et s'y arrêter, la basilique de Saint-Denis, dont Argenteuil était une dépendance, se trouvait naturellement désignée pour en être dépositaire. Mais les faits ne sont pas toujours conduits par les vraisemblances ; et ce qui est positif, c'est qu'ils infligent ici un démenti à ceux qui, sans les avoir étudiés, ont dit, comme Dulaure dans son *Histoire des environs de Paris,* que la prétention de l'église d'Argenteuil manque de fondement sérieux et qu'elle repose sur une légende de couvent, fabriquée au moyen-âge pour la plus grande gloire de la communauté.

La petite ville d'Argenteuil, *Argentolium,* est située sur la Seine, à deux lieues de Paris environ. Elle est ancienne; au temps du roi Clotaire III, dès le septième siècle, elle était la résidence de deux époux, très-bons chrétiens, dont l'histoire nous a conservé les noms. Ils s'appelaient Ermerich et Numma, étaient possesseurs de grands biens et n'avaient pas d'héritiers directs auxquels ils pussent les laisser. Ils songèrent alors à faire de leur fortune l'emploi le meilleur et le plus salutaire, et fondèrent à Argenteuil un monastère qui fut richement doté. Les rois Francs en approuvèrent l'établissement et l'enrichirent de nombreux priviléges. Cette maison fut habitée par des religieuses dont plusieurs appartenaient aux plus illustres familles du royaume. Elle était placée sous le vocable de Notre-Dame de l'Humilité, et dépendait de l'abbaye de Saint-Denis. Sa première abbesse fut Leudesinde. Jusqu'au temps de l'empereur Charlemagne, il ne s'y passa rien qui fût digne d'attirer l'attention. La communauté persévéra dans l'observance de ses règles et acquit ainsi une grande réputation de sainteté. Charlemagne avait une sœur qui s'appelait Gisèle et qui, dégoûtée des grandeurs mondaines et des pompes de la cour, prit la résolution de passer le reste de ses jours dans la retraite et le recueillement. Elle jeta les yeux sur la paisible demeure d'Argenteuil, où elle pourrait être assez éloignée de Paris pour échapper au monde, assez proche en même temps de cette ville pour ne pas rompre entièrement avec les relations nécessaires que lui imposait sa royale parenté. Le monastère devint dès lors l'objet de toute la bienveillance du monarque. Un autre événement allait le lui rendre bien plus cher encore. Sa fille Théodrade, qu'il aimait tendrement, entraînée par l'exemple de Gisèle dont elle était la nièce, ne tarda pas à manifester l'intention de la rejoindre dans sa retraite. Le prince en éprouva sans doute une véritable douleur; mais il était trop profondément chrétien pour apporter de sérieux obstacles à la réalisation des projets de la princesse. Il jugea seulement, peut-être avec l'indulgence d'un père, que sa fille était, en raison de sa haute dignité et de ses vertus, entièrement apte, malgré son jeune âge, à diriger la maison dans laquelle elle entrait; et ne voulant rien faire à cet égard qui ne fut parfaitement régulier, il demanda aux religieux de Saint-Denis d'accorder à sa fille le titre d'abbesse du prieuré d'Argenteuil. C'était une faveur qui ne pouvait lui être refusée.

La princesse était depuis quelque temps à la tête de la communauté, bien étrangère sans doute aux choses de la politique, pas assez peut-être à celles de la mondanité : on le lui a reproché du moins [1]. Sur ces entrefaites, s'établissaient entre le monarque franc, son père, et une souveraine d'Orient, l'impératrice Irène, des relations d'où pouvaient dépendre les destinées du monde et dans lesquelles, en dehors de ces grands résultats qui ne furent pas obtenus, le monastère d'Argenteuil se trouva intéressé.

L'impératrice Irène avait fait le rêve de s'unir par un mariage au prince puissant et glorieux qui gouvernait l'Occident, de lui porter sa couronne et de recevoir la sienne, pour fondre ainsi dans un immense empire tous les peuples, du Bosphore à l'Océan. Ce projet dont Eginhard et Théophane font mention dans leurs annales n'entra jamais dans les vues de Charlemagne. L'héritage qu'il laissait à ses successeurs lui semblait déjà devoir être un trop pesant fardeau pour leurs faibles épaules; et il n'avait garde, en l'accroissant outre mesure, de multiplier pour ses Etats les chances d'une dislocation générale. Mais Irène, par tous les moyens, n'en cherchait pas moins à gagner la faveur et à se concilier les bonnes grâces du souverain, sur l'appui duquel elle comptait pour sauver son empire de la ruine dont il était menacé. Elle avait surtout à cœur de lui envoyer les présents qui pouvaient lui être le plus agréables, et sachant bien qu'un prince aussi religieux devait préférer à toutes les merveilles comme à tous les trésors les saintes richesses que Constantinople

---

1. Voir Dubreul, *Théâtre des antiquités de Paris*.

avait, avec Rome, le privilège de posséder en abondance, elle choisit, pour lui en faire part, quelques-unes des plus précieuses reliques qui se trouvaient dans le trésor sacré des empereurs d'Orient. Charlemagne était, en effet, grand appréciateur de semblables dons ; il en avait reçu déjà de Jérusalem et de Rome, du pape Adrien III et du calife Haroun-al-Raschid.

Les présents de l'impératrice avaient tous une grande valeur; mais il y en avait un qui les surpassait tous et qui devait être, aux yeux du monarque, d'un prix inestimable. C'était la tunique même du Sauveur, le vêtement qui recouvrait immédiatement sa chair mortelle et qu'il ne faut pas confondre avec la robe longue qui est conservée dans la cathédrale de Trèves.

La sainte tunique reçut aussitôt dans l'esprit de Charlemagne la destination qu'elle devait garder toujours. Il ne crut pas pouvoir offrir à sa fille Théodrade, abbesse d'Argenteuil, un plus haut témoignage de son affection qu'en lui donnant, pour être conservée dans son monastère, une aussi précieuse relique. Ce fut vers le 12 ou le 13 du mois d'août de l'année 800, quelques mois seulement avant que Charlemagne fût proclamé empereur dans la basilique de Saint-Pierre de Rome, que se fit la translation de la sainte tunique de Paris à Argenteuil. Ce dut être une cérémonie magnifique, une de ces fêtes comme il y en avait alors, dans lesquelles les grandeurs du royaume s'unissaient à celles de la religion pour composer un cortége d'une solennité et d'une pompe incomparables. Qu'on se représente cette scène telle qu'un artiste moderne l'a retracée dans un vaste tableau que possède l'église actuelle d'Argenteuil dans la splendide chapelle consacrée à la sainte tunique. Le monarque, la couronne d'or au front, le sceptre à la main, est arrivé aux portes du monastère; debout, dans la fière attitude qui convient à un tel souverain, il présente à sa fille, qui est venue avec toutes ses religieuses se jeter aux pieds de son seigneur et de son père, la châsse enrichie de sculptures et d'émaux qui renferme la sainte tunique et que des évêques se font gloire de porter sur leurs épaules. Des prêtres, des guerriers, des hommes et des femmes du peuple, des malades, des aveugles, des boiteux sur le passage implorant une guérison qu'ils ne peuvent manquer d'obtenir : tel est ce tableau, qui doit, ce semble, reproduire assez fidèlement ce qui se passait alors. Il était une heure de l'après-midi, quand la sainte châsse fut reçue au couvent par les religieuses de Notre-Dame de l'Humilité ; en mémoire de ce fait, tous les jours depuis lors, à pareille heure, jusque vers la fin du dix-huitième siècle où cet usage fut aboli, on eut soin de sonner la grosse cloche du monastère pour rappeler aux habitants le moment précis où le trésor de la sainte tunique leur avait été remis. Les détails et les circonstances de cette translation n'ont point été consignés dans l'histoire, mais le fait lui-même est entièrement certain : les écrivains les plus sérieux et les auteurs de la *Gallia Christiana* le donnent comme tel [1].

Cette tunique du Sauveur était un vêtement de laine d'une seule pièce et sans couture, *tunica inconsutilis*, broché ou tissé sur un métier, avec une ouverture dans sa partie supérieure pour laisser passer la tête ; elle avait des manches courtes qui ne couvraient pas entièrement les bras, et devait descendre assez bas, beaucoup moins cependant que la robe longue qu'on jetait par dessus, laquelle ne semble pas avoir été tissée de la même manière. Il y a donc tout lieu de supposer que c'est ce vêtement que les soldats ne voulurent point partager, mais qu'ils tirèrent au sort, alors qu'ils avaient fait quatre parts des autres, celui encore qui dut être imprégné du sang du divin Maître ; car il recouvrit son corps tout meurtri par la flagellation après qu'on lui eût ôté le manteau de pourpre et qu'on l'eût revêtu de ses habits pour le conduire au lieu du crucifiement.

La sainte tunique est d'une couleur brune foncée tirant sur le rouge ; ce qui a fait dire assez improprement à Sicille, héraut d'Alphonse V roi d'Aragon, qu'il a « *veu l'abillement à Argenteuil* » et qu'il est de couleur de pourpre [2] ; d'autres ont dit plus justement

---

1. *Gallia Christiana,* tom. VII, col. 507, 508.
2. Voir le *Blason des couleurs en armes livrées et devises,* par Sicille, hér. d'Alph. V., publié par Cocheris. 1 vol. grand in-12.

couleur de *rose sèche*. Il serait difficile de préciser la nuance avec plus d'exactitude. La partie très-considérable de la sainte tunique qu'on conserve toujours à Argenteuil est soigneusement renfermée dans sa châsse et n'est point exposée directement aux regards des fidèles, mais il en existe ailleurs divers fragments et spécialement un très-notable que nous avons vu dans l'église de Longpont (diocèse de Versailles) et qui tient en effet le milieu pour la couleur entre le rouge et le brun foncé.

Une tradition touchante et des plus respectables rapporte qu'elle avait été tissée des mains de la très-sainte Vierge. Rien de plus conforme d'ailleurs à toute la pratique de l'antiquité profane ou sacrée qui nous montre constamment au foyer de la famille, qu'elle soit juive ou païenne, la femme, l'épouse et la mère chargée du soin de confectionner les vêtements des siens. Inutile de rappeler la mère de Samuel, la Pénélope antique, la femme forte de la Bible et Caïa Cæcilia, épouse de Tarquin l'Ancien, et tant d'autres illustres matrones, sans parler des Alexandre le Grand et des Auguste qui portaient des vêtements faits par leur mère; Charlemagne lui-même aimait à voir sa fille travailler à son costume; et la légende dit encore : « Au temps où la reine Berthe filait. » La coutume était universelle ; elle se conserva longtemps dans les familles chrétiennes, et saint Jean Chrysostome se plaint que de son temps les hommes se mettent à faire le métier de tisserands : il y voit un signe de mollesse et l'abandon regrettable des mœurs primitives. Les écrivains religieux et les commentateurs ne font donc que suivre le sentiment commun et se conformer aux vraisemblances les plus rigoureuses quand ils se font les interprètes de la tradition qui attribue à Marie la confection de la sainte tunique et sans doute aussi des autres vêtements du Sauveur. « Elle cousait donc et elle filait, dit saint Bonaventure, cette Reine du monde, vraie zélatrice de la pauvreté. » M. Guérin, dans la belle étude qu'il a faite sur la sainte tunique, cite à l'appui de cette tradition de très-nombreux témoignages, celui d'Euthymius entre autres qui vivait au douzième siècle et qui s'exprime ainsi : « Nous avons appris de nos pères, par tradition, que cette tunique est l'ouvrage de la mère de Dieu, *hanc tunicam a traditione patrum accepimus opus fuisse Dei matris*, et qu'elle l'a tissée comme les couvertures dont on se sert chez nous pendant l'hiver, ou de même que ces étoffes de laine qui servent pour les chaussures, ou autrement encore pour se couvrir la tête. » Albert le Grand, Maldonat, Baronius, Suarez et Salmeron ne sont pas moins positifs à cet égard.

A cette tradition s'en rattache une autre qui peut invoquer encore en sa faveur d'assez graves témoignages, mais qui s'appuie spécialement sur l'opinion communément suivie. La sainte Vierge aurait, dit-on, tissé ce vêtement pour Jésus alors qu'il était encore enfant; et cette tunique aurait grandi avec lui, *et ipso crescente ipsam etiam crevisse,* suivant l'expression de Salmeron; elle se serait toujours conservée sans aucune usure et dans un état de parfaite propreté. Les révélations particulières de sainte Brigitte, de Marie d'Agréda et de Catherine Emmerich expriment aussi cette croyance; mais ce qui est surtout remarquable, c'est que toute l'antiquité chrétienne l'a partagée et que la sainte tunique d'Argenteuil fut appelée souvent pour ce motif : « *Cappa pueri Domini Jesu* [1]. » Ainsi ce bon héraut du roi d'Aragon qui, dans son *Blason des couleurs,* parle de la sainte tunique à propos de la couleur de pourpre qui est « pour roys, empereurs et grands seigneurs, » n'a-t-il fait que traduire le sentiment général quand il a dit : « Et cressoit ledit vestement comme le doux enfant croissoit; qui est beau miracle... » Notre siècle n'a pas la foi si facile; et lors même qu'il n'est pas incrédule, il n'admet guère les miracles qu'autant qu'il les trouve sérieusement motivés; il se croit volontiers en droit de juger de leur utilité ou de leur opportunité, toujours prêt à demander compte à Dieu des raisons qu'il peut avoir de les faire. Entre deux tendances extrêmes, il y a, ce semble, une part légitime pour les droits d'une sage critique et pour l'humble soumission de l'in-

---

1. Voir *la Sainte tunique de N.-S. J.-C.,* par L. A. Guérin. 2ᵉ édit., in-18, ou la notice abrégée du même auteur.

telligence aux manifestations de l'ordre surnaturel.

Quant à l'authenticité même de la sainte relique, elle ne saurait être l'objet d'un doute. Charlemagne n'était point homme à se laisser facilement induire en erreur. Il était vigilant et scrupuleux en pareille matière. Ses *Capitulaires* en font foi. Il y défend, à plusieurs reprises, de vénérer les corps des martyrs et des saints dont les noms seraient faussement indiqués ou dont les reliques seraient incertaines ou douteuses. On ne l'eût, certes, pas trouvé disposé à tolérer une plaisanterie en choses si sérieuses et si saintes; et l'impératrice Irène avait trop de motifs de tenir à la faveur du prince pour s'exposer de gaieté de cœur à braver son courroux, en essayant de surprendre sa bonne foi. Elle était donc entièrement convaincue que le vêtement, envoyé en présent au monarque franc, était bien réellement la sainte tunique du Sauveur; et tout son peuple avait la même conviction.

Mais d'où venait-elle, cette robe sacrée, et comment se trouvait-elle dans le trésor des empereurs de Constantinople? M. Guérin, après Dom Gerberon[1] et Gabriel de Gaumont[2], a raconté en détail toute cette histoire. On ne saurait, pour l'étudier, suivre des auteurs plus compétents et plus consciencieux. On sait d'abord comment la tunique du Sauveur fut, dans la

---

1. *Hist. de la robe sans couture de N.-S. J.-C.*
2. *Dissert. sur la sainte tunique de N.-S.*

Passion, tirée au sort par les soldats du crucifiement; elle se trouva alors en des mains infidèles. Mais Grégoire de Tours, qui nous donne le premier témoignage écrit et très-précis au sujet de la sainte tunique, dit qu'elle ne put rester longtemps au pouvoir des infidèles et que les chrétiens s'empressèrent de la racheter [1]. En cela, saint Grégoire ne dit rien qu'il n'ait appris de personnes très-dignes de foi, et dont les récits lui ont inspiré une telle confiance qu'il ne peut taire ce qu'il sait. Rien de plus vraisemblable d'ailleurs, rien de plus conforme aux sentiments qui devaient animer les premiers disciples d'un très-grand respect pour tout ce qui avait touché la personne sacrée du Sauveur et les porter à rechercher par tous les moyens à se procurer et à conserver ses reliques précieuses. Marie la première avait donné l'exemple de ce soin pieux, en gardant elle-même la crèche, les langes et d'autres objets à l'usage du Sauveur qu'elle transmit un jour à l'église de Jérusalem. Ainsi a commencé de bonne heure ce grand mouvement qui, dans l'âge suivant, devait entraîner les fidèles, souvent au péril de leur vie, à la recherche des reliques des martyrs, qui les amenait aux pieds des échafauds ou des bûchers et leur faisait recueillir avidement le sang, les os ou les cendres de ceux qui avaient rendu témoignage à Jésus-Christ. Cette passion qui a possédé les pre-

---

3. *De gloria martyrum*, cap. VIII.

miers chrétiens, qui s'est perpétuée dans l'Eglise et qui l'a enrichie de tant de trésors, est née avec elle ou plutôt avant elle. Les premières reliques furent celles de Jésus et de Marie ; puis, à ces souvenirs chers et précieux entre tous ne tardèrent pas à s'adjoindre ceux des apôtres, des martyrs et des saints. Nul doute que les fidèles n'aient payé à prix d'or et très-richement, toutes les fois qu'il le fallut, les objets sanctifiés par le Sauveur ; et l'importance donnée dans la Passion au partage des vêtements est peut-être l'indice qu'on avait déjà la prévision d'un pareil rachat.

Mais où sont, dira-t-on, les preuves directes et positives, les témoignages écrits remontant aux premiers âges et se rapportant à la conservation de telle ou telle relique ? Nous avouons très-simplement qu'il n'en existe pas. Les premiers chrétiens, en butte aux persécutions qui ensanglantaient l'Eglise naissante, songeaient rarement à écrire ; ceux qui prenaient la plume ne s'en servaient pas pour dévoiler les saints mystères en des pages qui pouvaient tomber sous les yeux des infidèles, ils observaient la *doctrine du secret ;* et nul doute qu'ils en dussent faire l'application même aux saintes reliques que l'Eglise possédait ; en révéler l'existence et le lieu, c'eût été les exposer à des profanations certaines de la part des païens. Cette absence de témoignages formels s'explique donc aisément et ne saurait infirmer la valeur des traditions orales qui se transmettaient fidèlement et ne laissaient ignorer à personne ce qu'il était à propos de faire connaître. Elle ne pourrait être un embarras que si nous avions à convaincre, non pas des chrétiens, mais des incrédules. Or, nous n'avons pas la prétention d'atteindre ceux qui ne croient même pas à la divinité de Jésus-Christ. Pour ceux-là, les saintes reliques du Sauveur sont nécessairement des objets sans valeur, quelle que soit d'ailleurs leur authenticité. Mais vous qui reconnaissez, au contraire, que Jésus est le Fils de Dieu, rédempteur et sauveur du monde, vous admettez dès lors qu'il a pu, par une providence spéciale, diriger toutes choses pour assurer la conservation des objets propres à favoriser le développement de la religion qu'il est venu donner au monde. Pourvu qu'il existe seulement des traces de cette action providentielle, quiconque a la foi ne peut manquer de les suivre avec ardeur. Or, il n'est pas le moins du monde douteux qu'à l'égard de la sainte tunique, il y eût, dès l'origine, une tradition qui en affirmait l'existence et la suivait dans le cours de ses destinées. On s'occupait d'elle. La légende s'efforçait de trouver sa place à côté de la vraie tradition et racontait que Pilate avait acheté la tunique du Sauveur au soldat qui l'avait eue en partage, que, bientôt cité au tribunal de l'empereur Caius Caligula, il avait cru se mettre à l'abri de la vengeance impériale en se couvrant du saint vêtement, précaution bien inutile d'ailleurs, qui ne l'aurait sauvé ni de l'exil ni du désespoir;

mais jamais ces données ne furent regardées comme sérieuses. Ce qui est tout à fait croyable, c'est que la sainte tunique fut conservée par les fidèles dans quelque maison particulière jusqu'au temps où l'impératrice Hélène la recueillit comme les autres reliques de la Passion et la plaça dans une église pour qu'elle y reçut les honneurs auxquels elle avait droit.

Le premier des auteurs parvenus jusqu'à nous, qui nous révèle l'existence du précieux vêtement, est Grégoire de Tours. « Mais, observe M. Guérin, un fait comme celui qui nous intéresse ne s'invente point. Pour qu'on en pût faire mention au sixième siècle, il fallait qu'il eût ses racines dans les âges précédents; il fallait qu'on en eût quelque relation ou du moins qu'il se fût conservé dans le souvenir des fidèles qui se l'étaient religieusement transmis comme un précieux héritage, de sorte que, quoiqu'il n'entre dans le domaine de l'histoire écrite qu'au sixième siècle, il est bien évident que la tradition remonte plus haut; et l'on peut dire que le récit qu'on nous en donne à cette époque n'est qu'une suite de la tradition orale, ou plutôt c'est cette tradition elle-même revêtant la forme historique et prenant possession dans les annales publiques. »

Après nous avoir appris que la sainte tunique avait été, à l'origine, de très-bonne heure, rachetée par les chrétiens, le saint évêque se fait le rapporteur d'une nouvelle dont la connaissance venait de se répandre dans le royaume des Francs : « Je ne puis taire, écrit-il dans son livre *De la gloire des martyrs,* ce que quelques personnes m'ont appris touchant la tunique de l'Agneau sans tache. On rapporte que ce vêtement sacré est conservé dans une ville de Galatie, au sein d'une basilique consacrée sous le vocable des Saints-Archanges. La ville dont il s'agit est située à cent cinquante milles environ de Constantinople. Dans cette basilique, se trouve un caveau secret où la sainte tunique repose au fond d'un coffre de bois. Les fidèles, les chrétiens pieux, honorent ce coffre avec un respect d'autant plus juste et plus marqué qu'il contient le vêtement qui a mérité de toucher ou de couvrir le corps du Seigneur. »

De qui Grégoire de Tours tenait-il ces détails? Il ne le dit pas, mais son langage fait assez connaître que la nouvelle lui cause une grande joie, qu'elle est certaine et que ceux qui la lui ont apportée sont dignes de foi. Du reste, il dit ce qu'il sait, et rien de plus. Il ignore sans doute le nom de cette ville de Galatie, située à cent cinquante milles de Constantinople, et le temps auquel elle reçut, dans la basilique dédiée aux saints archanges, le trésor qu'on y garde si précieusement. D'ailleurs, la sainte tunique n'a plus un long séjour à faire en cette ville inconnue. La seizième année du règne de Childebert, la trentième du règne de Gontran, c'est-à-dire l'an 591, un évêque d'Orient, nommé Siméon, vint à Tours et raconta, au sujet du vêtement du Sauveur, à Grégoire que ce récit dut inquiéter, que le roi des Perses était en Arménie et en Galatie, qu'il avait brûlé et saccagé les villes et les églises de ces provinces, que lui-même, à la suite de ces désastres, avait été emmené prisonnier, qu'il avait réussi à s'échapper et qu'il venait chercher un asile dans les Gaules. L'église des Saints-Archanges eut sans doute le sort de beaucoup d'autres en Galatie ; mais si elle périt dans l'incendie, son trésor du moins fut sauvé. Nous savons par les chroniqueurs, spécialement par Frédegaire qui écrivit vers l'an 760, que, l'année même où l'évêque Siméon vint d'Orient dans les Gaules, la sainte tunique, qui avait été quelque temps auparavant enlevée au sanctuaire où elle était conservée, et si bien cachée qu'on avait un moment perdu sa trace, fut découverte de nouveau dans la ville de Zaffat ou de Jaffa, en Palestine. Elle avait été dérobée par un Juif, nommé Simon, fils de Jacques, lequel, se trouvant atteint par une cruelle maladie, crut y voir le châtiment du larcin qu'il avait fait, et se décida, pour en être délivré, à faire connaître le lieu dans lequel il gardait la sainte tunique, renfermée dans un coffre de marbre. Ce fut la trentième année du règne de Gontran, suivant Frédegaire, qu'on fit cette découverte ; et comme les nouvelles ne voyageaient pas alors avec la rapidité que leur donne aujourd'hui le télégraphe, ce fut trois ans plus tard, suivant Aimoin, que le bruit s'en répandit dans tout le pays des Francs. Le même auteur ajoute que Grégoire, patriarche d'Antioche, Thomas, patriarche de Jérusalem, et Jean, évêque de Constantinople, avec plusieurs autres évêques, après avoir jeûné pendant trois jours, firent la translation de la sainte relique, qui, de Jaffa, fut portée à Jérusalem et fut déposée dans le trésor où la croix du Sauveur est adorée, c'est-à-dire dans l'église du Saint-Sépulcre [1].

La sainte tunique se trouva ainsi réunie à la vraie croix; elle allait en subir les vicissitudes. L'an 614, Chosroès, roi des Perses, après avoir infligé une sanglante défaite à l'empereur de Constantinople Héraclius, s'emparait de Jérusalem, incendiait la basilique, massacrait les clercs, les moines et les vierges, emmenait en captivité le patriarche Zacharie avec une foule de chrétiens, et emportait avec lui la vraie croix et la sainte tunique. Mais, en 627, Héraclius lavait son déshonneur et faisait payer cher au fils de Chosroès les triomphes et les violences de son père. La vraie croix dut être restituée aux chrétiens, et la sainte tunique fut, dans ce retour, la compagne de la croix, comme le déclare un graduel de l'antique liturgie : « *Comes quoque fuit crucis.* » Les deux saintes reliques furent portées en triomphe à Jérusalem par l'empereur Héraclius en ce jour de l'Exaltation de la Croix dont on célèbre la mémoire le 14 septembre. Mais comme la ville sainte était constamment menacée par les infidèles et que les empereurs se sen-

---

1. Aimoin, *De gest. Franc.*, lib. III, cap LXXVII.

taient trop faibles pour la défendre, il fallut songer, dès l'année 632, à mettre en sûreté à Constantinople des trésors que la Palestine ne pouvait plus garder. Il était temps; l'année suivante, Jérusalem tombait au pouvoir des Sarrasins. Mais les reliques, les plus précieuses du moins, étaient sauvées. Les historiens se bornent à mentionner le transfert de la vraie croix de Jérusalem à Constantinople ; mais il est certain qu'ils entendent désigner aussi toutes les reliques de la Passion, la sainte robe, la couronne et les clous. C'est ainsi que ces nouvelles richesses étant venues s'ajouter à celles que possédait déjà la ville des empereurs, Constantinople devint dépositaire de tant de saintes merveilles que lui enviait le monde chrétien. La chapelle du palais impérial en gardait une quantité prodigieuse. Les empereurs, quand ils eurent à se concilier la faveur des princes de la chrétienté, n'eurent qu'à puiser dans ces trésors, comme le fit Irène pour plaire à Charlemagne.

La sainte tunique avait été reçue au monastère d'Argenteuil avec un enthousiasme indescriptible. C'était, pour la sainte maison, la gloire et la richesse et comme un gage certain de prospérité. Les écrivains les plus anciens ont grand soin de mentionner dans leurs annales ce fait d'une haute importance. Le moine Helgaud, qui écrit, dans le onzième siècle, la *Vie du roi Robert*, en parle expressément, de même que Robert du Mont, abbé de Saint-Michel, dans sa continuation de la *Chronique de Sigebert*. La liste des auteurs qui ont rendu le même témoignage serait interminable ; qu'il nous suffise de citer encore Du Tillet, l'auteur de la *Chronique des rois de France,* et André Favin, l'historien de la Navarre. L'abbé Lefèvre nous apprend que l'impératrice Irène avait envoyé la sainte relique dans un coffret d'ivoire [1]. Ce fut sans doute dans cette même châsse qu'on la garda et qu'elle reçut des hommages dans l'église du monastère de Notre-Dame de l'Humilité. On y célébra chaque année une fête en mémoire des bienfaits de Charlemagne, et surtout en mémoire du don précieux de la sainte tunique [2] auquel étaient jointes d'autres reliques encore, telles que le corps de sainte Christine qui avait été envoyé de Rome à Charlemagne. Ces précieux restes que possède toujours Argenteuil, sont ceux d'une illustre martyre qui, dans la persécution de Dioclétien, fut égorgée en Italie sur les bords du lac de Bolsène.

Bientôt l'église d'Argenteuil fut visitée ; elle attira les foules, elle fut illustrée par des miracles et des guérisons nombreuses ; les dons et les offrandes y affluèrent, le monastère s'enrichit. Il était dans tout l'éclat de sa splendeur quelques années après la mort de Charlemagne. Théodrade en était encore abbesse en 828 ; elle obtenait de Louis le Débonnaire et de Lothaire, ses frères, une charte qui lui en as-

---

1. *Descript. des curiosités des églises de Paris et des environs.*
2. *Gallia Christiana.*

surait l'entière possession pendant sa vie, à condition qu'après sa mort il rentrerait sous la dépendance de l'abbaye de Saint-Denis. Les princes la renvoyaient ensuite d'Aix-la-Chapelle à son couvent qu'elle fuyait trop volontiers [1]. La clause de cette charte fut lettre morte, et les abbesses restèrent indépendantes.

Charles le Chauve venait de monter sur le trône de Charlemagne. Alfred qui était alors roi d'Angleterre, lui écrivit pour lui demander qu'il voulut bien lui accorder un morceau de la sainte robe. Sa requête lui fut accordée; car nous voyons, dans une charte de l'année 1066, qu'un fragment de ce vêtement sacré fut déposé dans l'église de Westminster, et, bien que la charte n'en désigne pas la provenance, il n'est pas douteux qu'il n'ait été distrait de la sainte tunique d'Argenteuil. Cependant le cours des prospérités du monastère d'Argenteuil ne devait pas tarder à être interrompu. En l'année 845, suivant les uns, 857 suivant les autres, tandis que le faible successeur de Charlemagne voyait son empire menacé d'une ruine prochaine et bientôt envahi par les barbares, Ode étant abbesse d'Argenteuil, les Normands, sous la conduite de Raynard, portés sur cent vingt bâtiments, étaient entrés dans la Seine et se dirigeaient vers Paris, pillant les églises, saccageant et brûlant tout sur leur passage. Avant que

---

1. Dubreul, *Théâtre des antiq. de Paris.*

Charles le Chauve eût pu les renvoyer en leur payant un tribut de sept mille livres d'argent, le monastère d'Argenteuil, avec son église, avait été pillé et incendié par les barbares. Les religieuses l'avaient quitté à temps ; avant de s'éloigner, elles avaient mis la précieuse relique en sûreté. Elle avait été si bien cachée, si profondément enfouie, que les Normands ne purent la découvrir et que les flammes de l'incendie ne l'atteignirent pas ; les murs calcinés du monastère s'écroulèrent et la couvrirent de leurs ruines ; elle devait y rester longtemps : car, soit que les religieuses qui l'avaient cachée fussent mortes, soit qu'il eur fut impossible de retrouver l'endroit où elle avait été déposée, la sainte tunique fut regardée comme perdue et fut, au bout de quelques années, totalement oubliée.

Pendant un siècle et demi, il n'y eut plus que solitude et que ruines en ces lieux où la vie religieuse avait été si florissante ; mais au réveil qui suivit l'an 1000, alors que de toutes parts se relevaient les églises et les monastères, la reine Adelaïs, mère du roi Robert, forma le projet de rebâtir la maison d'Argenteuil et de la doter de nouvelles propriétés ; elle obtint à cet effet un diplôme royal dont l'exécution ne se fit pas attendre. Les religieuses qu'elle y mit furent placées sous la règle de saint Benoît, et leur communauté dépendit de l'abbaye royale de Saint-Denis. Les abbesses n'en furent pas toujours édifiantes, elles ne méritaient guère l'honneur d'avoir entre leurs mains une aussi précieuse relique que la robe du Sauveur; aussi Dieu ne jugeait-il pas à propos de la tirer alors de son obscurité. En 1129, la fameuse Héloïse était à la tête du monastère : elle y était venue sur les instances d'Abélard, auquel elle avait promis de faire pénitence. Mais la guérison de ces deux âmes malades était encore bien imparfaite et n'était pas telle qu'elle pût empêcher des chutes déplorables, si l'on en juge par certaines lettres d'Abélard. La communauté, dirigée par une abbesse si peu convertie, était en souffrance. Suger, l'illustre abbé de Saint-Denis, supportait avec peine un pareil spectacle ; à bout de patience, il chassa les religieuses et les dispersa en d'autres maisons, les unes en l'abbaye du Footel, les autres au couvent de Malenoue. Abélard, touché de compassion, offrit à Héloïse de venir s'établir avec quelques-unes de ses compagnes dans la retraite qu'il s'était préparée au Paraclet, à dix lieues de Troyes en Champagne ; il leur abandonna l'oratoire, les maisons, cens, rentes, terres, prés, vignes et tout ce qu'il avait acquis « audit lieu et ès-environs. » Les religieuses furent dès lors très-édifiantes. Abélard se retira à Cluny et y demeura sous l'obédience de Pierre-Maurice le Vénérable, lequel, dans une lettre adressée à Héloïse, a raconté sa mort édifiante et la fin heureuse en Jésus-Christ de cette vie trop agitée. Il était mort au monastère de Saint-Marcel à Châlons-sur-Saône. Son corps fut enseveli au Paraclet [1].

1. Voir Dubreul, *Théât. des antiq. de Paris.*

Cependant Suger avait pris possession de la maison d'Argenteuil, au nom de l'abbaye de Saint-Denis, et y avait établi des religieux de l'ordre de saint Benoît, qui n'y donnaient que des exemples d'édification. En 1156, à une époque où personne ne songeait plus au vêtement sacré qui avait été la gloire d'Argenteuil et qu'on croyait perdu sans retour, un religieux eut une révélation d'en haut qui lui fit connaître l'existence de la sainte tunique et le lieu où elle était cachée. De quelle nature fut cette révélation? Fut-ce un ange qui, comme il arriva lors de la découverte des corps des saints Gervais et Protais par saint Ambroise, fit connaître le lieu où se trouvait le sacré dépôt? fut-ce une lumière qui parut miraculeusement à la place de la muraille où la relique était cachée? fut-ce un avertissement donné dans un songe, comme on en voit de nombreux exemples dans les annales de l'Eglise? Les anciens auteurs ne le disent pas ; seulement tous s'accordent à reconnaître qu'il y eut là une révélation divine. Tous, sans exception, les Matthieu Paris, les Froissart, les Favin, les Jean Brompton et autres s'expriment comme l'abbé du Mont-Saint-Michel dans sa continuation de la *Chronique de Sigebert :* « Dans un village du Parisis, y est-il dit, on a trouvé, au monastère d'Argenteuil et par révélation divine, la tunique sans couture de Notre-Seigneur, laquelle est de couleur roussâtre et a été faite par sa glorieuse mère lorsqu'il était encore enfant, ainsi que le témoignent les titres trouvés avec ce vêtement [1]. »

Ansoud ou Anseaume était alors prieur d'Argenteuil; ce fut en sa présence et en présence de tous ses religieux qu'eut lieu cette heureuse découverte. Ce fut tout un événement qui causa une grande et profonde émotion. A cette nouvelle, le roi Louis VII s'empressa de se rendre en personne à Argenteuil avec les seigneurs de sa cour, de nombreux prélats, le clergé et les fidèles en foule. Hugues, archevêque de Rouen, l'un des plus grands et des plus savants prélats de son temps, s'y trouvait avec les évêques de Paris, de Sens, de Chartres, d'Orléans, de Châlons, de Meaux, etc., et plusieurs abbés ; ce fut lui qui eut l'honneur de tirer de sa châsse et de déployer la sainte robe en présence du roi et de tous les assistants, ainsi qu'il l'a consigné dans une charte très-authentique à la date de cette même année 1156, sous le pontificat d'Adrien IV. Il y est dit qu'il contempla humblement la robe de Notre-Seigneur Jésus-Christ enfant, laquelle avait été déposée depuis une époque très-reculée dans le trésor de l'église d'Argenteuil, *ab antiquis temporibus*. Tous les auteurs qui parlent de cette découverte, mentionnent expressément qu'on trouva avec la sainte tunique des titres ou des écrits qui en attestaient l'authenticité, laquelle, quoi qu'en aient dit les Dulaure et autres prétendus his-

---

[1]. Schard, *Rerum German. veter. chronogr.*, anno 1156.

toriens des environs de Paris, ne peut être, en présence de pareils témoignages, l'objet d'aucun doute.

Les temps étaient favorables, et la dévotion pour la sainte relique ne pouvait manquer de fleurir en ces jours où les Suger, les Blanche de Castille, les saint Louis, les saint Thomas, donnaient au monde chrétien l'exemple de toutes les vertus. Blanche de Castille avait une grande dévotion pour la sainte tunique d'Argenteuil ; elle venait souvent la vénérer. Le digne fils d'une telle mère, saint Louis, fit aussi plusieurs fois ce pèlerinage. Il fut reçu au monastère dans le carême de l'année 1255 et au mois de mai 1260. Le goût des pèlerinages était encore dans toute sa ferveur ; mais on commençait à trouver que les voies de l'Orient étaient semées de trop de dangers, et l'on aimait à trouver sur des rives plus prochaines quelques-uns des souvenirs qu'on ne pouvait plus aller chercher en Terre-Sainte. Au temps où Dom Gerberon écrivait son histoire de la sainte robe d'Argenteuil, c'est-à-dire vers la fin du dix-huitième siècle, il y avait encore dans la bibliothèque du monastère un registre manuscrit qui remontait à plus de six cents ans et qui contenait la liste prodigieusement longue de tous les personnages, seigneurs et prélats qui, au douzième et au treizième siècle, étaient venus en pèlerinage à Argenteuil, avec mention très-exacte du jour et de l'heure de leur arrivée. On y remarquait entre autres six archevêques de Sens, qui étaient venus de leur diocèse prier devant la sainte tunique du Sauveur dans le but d'obtenir que la santé leur fut rendue. Il paraît donc certain qu'il s'y faisait des miracles; malheureusement le récit n'en a point été écrit ou peut-être en a été perdu. On raconte cependant de ces époques lointaines un trait qui n'est pas sans analogie avec ce qui s'est produit plusieurs fois à Notre-Dame de Lorette et qui montre que Dieu voulait qu'on respectât l'intégrité de la sainte tunique, comme celle de la *Santa Casa*. Un gentilhomme trouva moyen d'enlever un petit morceau de la sainte robe pour laquelle il avait une très-grande dévotion. Il se réjouissait de son heureux larcin, quand il fut pris tout d'un coup d'une maladie cruelle que nul ne pouvait soulager et qui allait infailliblement le conduire au tombeau. Frappé par la main de Dieu, il se repentit du mal qu'il avait fait, rendit le fragment qu'il avait volé et ne tarda pas à recouvrer la santé.

En 1486, la vénération des fidèles envers la sainte tunique allant toujours croissant, le prieur d'Argenteuil ordonna qu'on tiendrait jour et nuit une lampe allumée devant la sainte châsse, comme devant la sainte Eucharistie. En l'année 1529, le 1$^{er}$ mai, comme il est consigné dans le registre cité par dom Gerberon, la sainte tunique fut l'objet d'une cérémonie solennelle et reçut les hommages des populations qui se pressaient autour d'elle. Elle fut, ce jour-là portée en procession du monastère d'Argenteuil à l'abbaye de Saint-Denis, dont le cardinal de

Bourbon était sur le point de prendre possession. Cette procession fut une protestation contre les efforts des hérétiques qui déchiraient l'Eglise du Christ, dont la robe sans couture a toujours été regardée comme la figure. Les religieux de Saint-Denis, revêtus d'aube, allèrent au-devant de la précieuse relique, prirent la châsse et l'apportèrent dans leur église ; et après la grand'messe, la communauté reconduisit la procession jusqu'au prieuré de l'Estrée [1]. Cinq années plus tard, eut lieu à Paris, sur l'ordre du roi François Ier et dans le même but que précédemment, la grande procession où furent portées les reliques de la Sainte-Chapelle ; la sainte tunique eut une place d'honneur au milieu d'elles et y fut l'objet des plus grands hommages.

Les fureurs de l'hérésie n'en furent point apaisées. Le tocsin de la guerre civile allait bientôt retentir d'un bout de la France à l'autre. On savait que les religionnaires poursuivaient de leur haine la plus violente les saintes reliques et les images ; il importait de mettre à l'abri de leurs destructions sauvages le vêtement sacré du Sauveur. En 1544, François Ier accorda des lettres patentes qui permettaient d'enclore de murailles le bourg d'Argenteuil, pour la conservation du très-précieux et très-sacré reliquaire de la robe inconsutile de notre Sauveur et Rédempteur. Mais ces remparts trop faibles, élevés à la hâte,

---

1. Dom Félibien, *Hist. de l'abbaye de Saint-Denis*, liv. VII.

ne furent pas une protection suffisante. En l'année 1567, les huguenots s'emparèrent d'Argenteuil, mirent le feu à l'église, et se saisirent de la châsse en cristal garni d'argent dans laquelle la sainte tunique était depuis longtemps conservée. Heureusement on avait eu soin d'enlever et de mettre en sûreté la précieuse relique. Une simple châsse de bois fut tout ce qu'on put accorder, en ces temps malheureux, à la robe du Sauveur ; mais le vrai trésor demeurait intact et, dans son dénûment, il ne cessait d'attirer à lui la vénération des fidèles, des princes et des rois. Charles IX et Henri III vinrent visiter la sainte tunique. Ce dernier monarque, touché de l'état de désolation dans lequel se trouvait l'église incendiée, donna, pour qu'on en fît la restauration, une coupe de dix arpents de bois. Ce fut à trois reprises différentes que le pieux Louis XIII se présenta à Argenteuil pour y vénérer la sainte robe. On proposa au monarque de la tirer de sa châsse et de la lui faire voir et toucher. Mais tel était le sentiment de respect que portait le roi à cette auguste relique, qu'il ne se crut pas digne d'une pareille faveur : « Je n'ai garde, dit-il, il faut croire et non pas voir. » Il se contenta de prendre pieusement dans ses mains le coffret de bois qui la contenait, et donna son chapelet pour qu'on l'y fît toucher.

En 1653, le pape Innocent X accorda dans une bulle l'érection d'une confrérie en l'honneur de la sainte tunique, et enrichit de nombreuses indulgences l'association, qui compta bientôt parmi ses membres les personnages les plus distingués et vit chaque jour en accroître le nombre. Cependant on n'avait encore pu remplacer la simple châsse de bois qui renfermait le vénérable vêtement par une autre plus digne, et l'on ne se consolait pas de l'indigence à laquelle était condamnée une relique aussi chère. Les miracles se multipliaient d'ailleurs ; c'étaient des grâces et des guérisons sans nombre. Dom Gerberon a recueilli plusieurs de ceux qui s'accomplirent dans la seconde moitié du dix-septième siècle. Il les trouve attestés par des évêques, des médecins et autres graves personnages. Il a pris lui-même toutes les informations et constate, après un examen sérieux, que les faits sont parfaitement exacts. Ce sont des guérisons de paralytiques, de perclus, d'aveugles, de sourds, etc. C'est un enfant mort-né qu'on présente à l'autel de la sainte robe et qui reçoit la vie et la grâce du baptême. Enfin, dit le bon religieux, si l'on voulait raconter en particulier toutes ces guérisons, on en ferait un juste volume.

Cependant, grâce à la générosité de la duchesse de Guise, Marie de Lorraine, la sainte tunique eut enfin, en l'année 1680, un abri convenable. Cette princesse fit exécuter à ses frais, par les meilleurs artistes, une châsse magnifique où n'étaient épargnés ni l'argent ni l'or ni les pierreries. La cérémonie de la translation eut lieu le 28 octobre et fut très-solennelle. Le grand-vicaire de l'archevêque de

Paris, François du Harlay, fit l'ouverture du coffre de bois qui contenait la sainte relique. On y trouva d'abord la charte de Hugues le Grand, puis la sainte robe enveloppée d'un tissu de velours noir. Le prieur du monastère la développa et la montra aux assistants; puis, il en coupa un petit morceau destiné à la duchesse de Guise. La généreuse donatrice de la nouvelle châsse avait bien quelque droit à cette faveur, et l'on comprend ce qui est dit dans l'acte de cette translation : « Nous n'avons pu refuser à la piété et aux instantes prières de l'illustre princesse un petit morceau de ce précieux trésor qu'elle nous avait demandé. » La sainte robe, ayant été enfermée et scellée dans son nouveau reliquaire, fut apportée de la sacristie dans l'église du prieuré; on chanta un *Te Deum* d'action de grâces, au milieu d'une affluence immense; puis, on laissa quelque temps la sainte relique exposée avant de la replacer dans le trésor. Au nombre des visiteurs de la sainte tunique qui méritent d'être remarqués, il faut citer encore, outre Marie de Médicis et les princesses ses filles, le cardinal de Berulle, le Père de Condrem, Richelieu, Fleury, M. Ollier et un très-grand nombre de prélats.

Vinrent enfin les mauvais jours. L'impiété révolutionnaire ne pouvait épargner Argenteuil, après qu'elle eut frappé Saint-Denis. Le prieuré n'avait cependant pas, comme l'illustre abbaye dont il dépendait, d'immenses richesses propres à tenter la cupidité. Il n'avait guère que la châsse donnée par la duchesse de Guise. On vint s'en emparer. Le curé assermenté d'Argenteuil avait eu soin d'en retirer la sainte relique, on la lui laissa. Elle était encore intacte, à part les deux petits fragments qui en avaient été distraits, l'un pour Alfred, roi d'Angleterre, l'autre pour la duchesse de Guise ; le curé, dans une bonne intention peut-être, afin de la pouvoir sauver plus aisément, eut l'idée, après l'avoir apportée dans l'église paroissiale, de la morceler et d'en distribuer des portions assez considérables à des habitants d'Argenteuil, qui les cachèrent et les conservèrent soigneusement d'ailleurs.

En 1804, la partie la plus notable de la sainte robe, qui était demeurée pendant la tourmente cachée au presbytère, fut rapportée en l'église de la paroisse, le prieuré ayant été supprimé. Le cardinal Caprara fut prié de reconnaître publiquement l'authenticité du vêtement sacré, et les titres lui furent soumis à cet effet, en même temps qu'on lui demandait d'en autoriser le culte suivant les anciennes coutumes. Le cardinal rendit une déclaration pour confirmer les indulgences de la bulle du pape Innocent X; quant à la question d'authenticité, il pensa qu'il appartenait à l'ordinaire d'en juger, et s'en remit à la prudence de l'évêque de Versailles, qui était alors Mgr Louis Charrier de la Roche. Le prélat ordonna sur le champ une enquête ; les pièces consultées, les témoins entendus, il rendit une ordonnance qui établit l'authenticité de la relique soumise à son examen, et décide que le précieux vêtement continuera d'être exposé à la vénération publique suivant l'usage et les permissions accordées par Hugues, archevêque de Rouen, en 1156, et plus tard renouvelées par le Souverain Pontife.

La dévotion envers la sainte tunique reprit son cours; elle fut singulièrement favorisée et développée par le vénérable curé d'Argenteuil qui rétablit l'ancienne confrérie, institua les belles processions de l'Ascension et du lundi de la Pentecôte où la sainte robe est portée solennellement au milieu d'un concours considérable de fidèles accourus de toutes parts, s'occupa de rechercher partout les fragments qui, sous la Révolution, avaient été distraits du vêtement sacré, parvint à en recueillir une grande partie, et, par tous les moyens enfin, s'efforça de faire revivre dans les âmes catholiques l'amour et la vénération dont la sainte tunique avait été l'objet de la part de nos pères.

La chapelle de la sainte tunique fut un des premiers soins du digne pasteur. La vieille église, formée de constructions d'âge et de style divers, n'avait rien de la splendeur qui convient à la maison de Dieu; d'ailleurs, elle tombait de vétusté, et il avait fallu en démolir la tour pour prévenir une ruine certaine; cependant les fonds manquaient et ne permettaient pas alors de songer à élever un autre monument à la place de l'ancien. Tout ce qu'on pouvait faire, c'était de donner à la sainte tunique une chapelle décente ornée avec goût et dans le style de l'église. Il n'y eut bientôt rien à désirer à cet égard, et la chapelle ne tarda pas à recevoir un nouveau lustre que lui conféra le souverain pontife Grégoire XVI, en déclarant, par un bref du 24 août 1843, son autel privilégié à perpétuité.

L'année suivante, la châsse très-modeste en bois doré, qui avait succédé à celle de la duchesse de Guise enlevée par les révolutionnaires, fut remplacée par une œuvre d'art du goût le plus exquis. Sur les dessins du P. A. Martin, M. Cahier, un des plus habiles orfèvres de Paris, avait exécuté un monument en bronze doré dans le style du treizième siècle. Trois portiques gothiques richement décorés séparés par des clochetons, à la base desquels se tiennent debout les quatre apôtres Pierre, André, Jacques et Jean, forment la façade longue et antérieure de ce charmant édicule ; la même disposition se reproduit sur la face parallèle ; un seul portique forme les extrémités étroites. Un toit en dos d'âne avec une riche galerie couronne, en les réunissant, ces portiques et ces clochetons ; au milieu s'élève une superbe flèche qui donne au monument ce caractère d'élégance et d'élévation qui est le propre de ce style. Un petit coffret également en bronze, ouvert par de larges quatrefeuilles, placé à l'intérieur de l'édicule, renferme le vêtement sacré qui y fut déposé par M$^{gr}$ Gros, évêque de Versailles, le 12 août 1844, au milieu d'une foule nombreuse de pèlerins.

La sainte tunique n'a cessé depuis lors de recevoir des témoignages de vénération de plus en plus nombreux de la part des populations, qui, d'ailleurs, ont été récompensées de leur piété par des grâces sans nombre et par une foule de guérisons merveilleuses. En 1854, le souverain pontife Pie IX manifesta le désir de posséder une portion de la sainte tunique. La châsse fut ouverte, avec autorisation de Mgr de Versailles, par M. le curé d'Argenteuil, qui en tira un fragment de 15 centimètres qu'il alla porter lui-même à Rome. Quelque temps après, le Souverain Pontife fit remettre à l'église d'Argenteuil un magnifique cierge du poids de 4 kilos, bénit par lui et portant cette inscription : *Pius nonus Pontifex ecclesiæ parochiali Argentoliensi, 2 Februarii* 1857. *D.D.*

Cependant la vieille église, en dépit des étais qui retardaient sa ruine, ne se tenait plus debout. En 1853, l'ancien maire de la ville, M. Collas, léguait à la commune d'Argenteuil la somme de 100,000 francs destinée à la construction d'une nouvelle église. Ce legs, tout insuffisant qu'il fût, ayant été acceptée par le conseil municipal, créa pour la ville l'engagement d'en réaliser les intentions. Grâce aux secours accordés par l'Etat, aux offrandes généreuses des particuliers et à l'emprunt contracté par la commune, une somme de près d'un million, nécessaire pour couvrir les principales dépenses, se trouva réunie. Le 27 août 1861, la première pierre fut solennellement bénite et posée par le digne curé, dont les vœux les plus ardents allaient se trouver réalisés par la nouvelle construction.

Le plan de l'édifice a la forme d'une croix latine avec pourtour à l'abside, où se trouvent trois chapelles : la première, contiguë à la sacristie des prêtres, est sous le vocable du Saint Nom de Jésus; la seconde est consacrée à la sainte Vierge et placée au chevet de l'église; la troisième est celle de saint Vincent, diacre et martyr, attenant à la sacristie des chantres. Elles ont toutes trois la forme octogonale ainsi que la chapelle des fonts baptismaux et celle des trépassés; elles sont placées, l'une à droite, l'autre à gauche, à l'entrée principale de l'église. Nous trouvons enfin dans le transept, à l'extrémité des bras de la croix, la chapelle de saint Joseph à gauche et celle de la sainte tunique à droite [1]. Cette dernière, très-richement décorée de sculptures et de peintures, abrite la châsse de la sainte tunique qui s'élève au-dessus d'un magnifique autel à trois arcatures avec les trois statues de la Foi, de l'Espérance et de la Charité; sur la paroi latérale du mur, à gauche, se développe le grand tableau de la réception de la châsse apportée par Charlemagne au monastère d'Argenteuil. La châsse en bronze doré de la sainte tunique est un remarquable travail dans le

---

[1]. Voir le *Guide du pèlerin dans la nouvelle église d'Argenteuil*, par A. Chevalier.

style du treizième siècle. Elle a été, comme on vient de le dire, exécutée par M. Cahier, d'après les dessins du P. Arthur Martin.

La longueur totale, de l'église, depuis et y compris le porche, est de 76 mètres; sa plus grande largeur, comprenant le transept, est de 33 mètres; la façade est de 20 mètres. La grande nef a 17 mètres de hauteur sous les voûtes, et sa largeur est de 9 mètres entre colonnes; les basses nefs ont 6 mèt. 80 c. de hauteur sur une largeur de 4 mèt. 90 c. entre axe. L'édifice est éclairé par quatre-vingt-douze ouvertures, celles de la tour non comprises. Les vingt colonnes qui soutiennent les murs de la nef ont 4 mèt. 30 cent. de hauteur et supportent des arcatures à plein cintre que surmonte la magnifique galerie du triforium [1].

L'architecture du monument, dont les plans ont été tracés par M. Ballu, est du style roman pur. L'ornementation intérieure laisse encore beaucoup à désirer. Les grands travaux ayant absorbé, et au delà, tous les fonds disponibles, il a fallu remettre à plus tard le soin des détails; cependant, grâce à des dons particuliers, toutes les fenêtres sont déjà décorées de vitraux; le maître-autel de style roman, en bronze doré, décoré de pierreries, est un des plus beaux travaux d'orfévrerie.

Tel est, sans parler de la belle façade qui s'élève

---

1. *Guide du pèlerin à Argenteuil.* A Chevalier.

sur la grande place de l'église avec son portique à colonnes et sa flèche de pierre haute de 57 mètres, ce beau monument qui est aujourd'hui le sanctuaire de la sainte tunique. Il avait été consacré depuis quelques années à peine, le 10 mars 1866, lorsque par suite des malheurs qu'attira sur la France l'invasion de l'année 1870, il fut sur le point de périr et parut condamné à une ruine certaine. Les troupes allemandes, ayant fait du clocher le point de leurs observations pour la direction de leurs feux contre la capitale, y attirèrent nécessairement les coups de ses défenseurs. Trois obus ont atteint la tour et l'ont endommagée ; de nombreux éclats lancés à l'intérieur y ont causé des ravages. Grâce à Dieu, tout était réparable ; et aujourd'hui les fidèles d'Argenteuil ont la consolation de voir toujours debout leur chère église d'Argenteuil, et les pèlerins de la sainte tunique, la joie de trouver un temple qui ne rivalise pas sans doute avec nos grandes cathédrales, mais qui n'en a pas moins le charme d'une belle œuvre, habillement exécutée et pleinement réussie.

## Notre-Dame des Vertus à Aubervilliers.

S'il vous prend envie quelque jour de faire un pèlerinage méritoire et d'accomplir un acte de mortification chrétienne, sortez de Paris par la porte qui conduit à Saint-Denis ; prenez à droite en suivant les sentiers arides et poussiéreux qui traversent les champs de la grande plaine des Vertus où les rayons du soleil tombent d'aplomb, où il n'y a d'ombre et de fraîcheur nulle part, pas plus que dans les déserts du Sahara ; marchez sans vous plaindre de la chaleur — c'est un désagrément bien léger et qu'il faut savoir braver tous les jours, — marchez armé de courage, car ce n'est là que le commencement des douleurs qui vous sont réservées.

Dante a placé dans un des cercles de son enfer comme un des plus insupportables tourments des damnés le supplice de l'odorat. S'il a eu tort, vous en pourrez juger, car vous ne tarderez pas à vous croire entré dans ce cercle maudit — à cette différence près qu'ayant gardé l'espérance d'en sortir, vous saurez au moins que vous n'êtes qu'en purgatoire ; et c'est une bonne chose de faire quelquefois un peu de purgatoire ici-bas. — Dix minutes à peine qui vous sembleront un siècle ! Mais quand vous serez arrivé à Aubervilliers, si les détestables exhalaisons ne vous ont pas arrêté en chemin, asphyxié ou arraché les entrailles, il est probable que vous ne serez pas tenté de taxer d'exagération le grand poëte italien.

Les industries des suifs, des savons, celles des raffineries et autres épurations n'avaient pas encore été reléguées de ce côté par quelque prédécesseur de M. Haussman, au temps où un nommé Albert ou Aubert — il est difficile de préciser plus exactement le nom de ce personnage qui, comme les peuples heureux, n'a point eu d'histoire — y fit construire sa maison de campagne où il eut sans doute, dans ces âges lointains du onzième siècle, la bonne fortune de passer des jours que rien n'empoisonna. *Alberti villa* devint Aubervilliers plus tard. On trouve dans une charte de l'année 1060 que le roi Henri Ier donna au prieuré de Saint-Martin des Champs la terre qu'il avait dans le village dit *Alberti Villara ;* et cette donation fut confirmée par Louis VI et par Louis VII. Ce dut être une bonne acquisition pour les moines de Saint-Martin, car de tout temps cette plaine a été renommée pour sa fertilité; le grave Lebeuf, dans son *Histoire du diocèse de Paris,* ne peut s'empêcher de vanter ses légumes et ses laitues.

Au treizième siècle, il n'y avait à Aubervilliers qu'une modeste chapelle qui dépendait de l'abbaye de Saint-Denis et au service religieux de laquelle le curé de Saint-Marcel-lez-Saint-Denis était chargé de pourvoir. Elle était sous le vocable de Saint-Christophe et devait être déjà très-ancienne, car elle tombait en ruines; malheureusement les ressources nécessaires pour en entreprendre la restauration ou la réédification faisaient absolument défaut; le pauvre sanctuaire ne voyait alors dans son enceinte ni des gens bien riches ni des foules considérables. Tout allait bientôt changer de face.

On était en l'année 1338. Le mois de mai venait de commencer à peine, et déjà la chaleur était telle qu'on en était accablé. Depuis fort longtemps, la terre n'avait pas reçu une goutte de pluie. Non-seulement les plaines d'Aubervilliers étaient désolées et voyaient leurs moissons compromises par cette sècheresse extraordinaire dont rien ne faisait prévoir la fin, mais partout on avait les mêmes craintes et l'on songeait avec effroi que les récoltes allaient manquer, de telle sorte qu'on serait aux prises avec le terrible fléau de la famine. En ces âges de foi, on ne tardait guère, quand on se trouvait en présence d'une calamité, à recourir à Celui dont le bras tout-puissant peut toujours l'arrêter ou la détourner. On priait, on faisait des processions. Il y en eut une à cette occasion au modeste sanctuaire d'Aubervilliers. Or, après que la sainte cérémonie eut pris fin, il arriva qu'une jeune fille qui était restée en prières devant une image de la sainte Vierge placée dans une chapelle auprès du maître-autel, vit tout à coup le visage de la sainte statue se couvrir comme des gouttes d'une rosée abondante, qui bientôt tombèrent en pluie sur l'autel. Le ciel était encore au dehors d'une implacable sérénité. Cependant la jeune fille qui avait été témoin du prodige, ne doutait aucunement de sa signification ; elle sortit de l'église, annonçant que les prières du peuple chrétien étaient enfin exaucées : effectivement, quelques instants après, la pluie tombait à flots, la terre en était trempée et les récoltes étaient sauvées.

Quand on sut à Paris la merveille dont la Vierge d'Aubervilliers avait été l'instrument, on ne tarda pas à y accourir pour la remercier du secours divin qu'on avait obtenu par son intercession. Peuple, bourgeois et grands seigneurs y vinrent en foule, et bientôt le roi Philippe de Valois voulut lui-même faire le pèlerinage avec la reine. Ces visites royales étaient toujours accompagnées de dons et d'offrandes plus ou moins considérables. On sait, d'ailleurs, à quel point la pauvre église en avait besoin alors. Le roi lui donna deux arpents de bois, la reine présenta une superbe pièce de drap d'or dans laquelle on pouvait tailler de beaux ornements ; le duc d'Alençon et le comte d'Etampes firent don d'une chasuble chacun.

La mémoire du jour où la pluie avait été miraculeusement annoncée par la Vierge d'Aubervilliers devait rester en grande bénédiction. Ce deuxième dimanche de mai, on y établit la fête solennelle de Notre-Dame des Vertus ; ce fut le nom que reçut désormais la sainte image, et ce pour six raisons principales, dit un très-ancien auteur qui eût pu en donner assurément une douzaine d'autres secondaires : 1° parce que Notre-Dame est l'épouse de Celui qui est appelé par David le Seigneur des Vertus ; 2° parce qu'elle est la mère de Notre-Seigneur Jésus-Christ, que saint Paul nomme Vertu de Dieu ; 3° parce qu'elle est la Reine des anges qui sont les Vertus des cieux ; 4° parce qu'elle posséda toutes les vertus ; 5° parce qu'il y eut en elle une force merveilleuse ; 6° enfin, parce qu'il se fit bientôt à Aubervilliers nombre de beaux et grands miracles.

Ces miracles, dit Dubreul, ont été imprimés et se voient dans les tableaux qui sont en ladite église dans la chapelle de Notre-Dame; mais on n'en trouvait plus d'exemplaires alors, celui qui avait fait les frais d'impression les avait retirés. « Un de mes amis, poursuit le naïf écrivain, m'en a baillé copie écrite à la main et l'ai insérée en ce lieu pour le perpétuel honneur de la Vierge et consolation des gens de bien et fidèles catholiques, car pour autres manières de gent ne me clault si la chose leur sera agréable ou non. »

Ces récits des miracles sont en vers qui ne brillent pas assurément par la tournure poétique, mais qui ont un certain air de grâce et de sincérité, et sont animés surtout par l'esprit d'une foi vive et d'une ardente piété.

> En l'honneur de la Vierge est planté cet escrit,
> Royne et dame du ciel qui ravit tout esprit,

Estant de tous nos vœux vers Dieu la thrésorière
Pour impétrer à tous don de grâce plenière.

Ainsi commence le récit du premier miracle, de celui-là même qui inonda d'une rosée abondante le visage de la sainte image et fut l'annonce de la pluie si ardemment désirée par le peuple chrétien ; il fut suivi d'un second que nous trouvons raconté comme il suit dans une très-ancienne notice sur Notre-Dame d'Aubervilliers :

« Je me contenterai, dit le bon chroniqueur, d'en rapporter un signalé arrivé à un mocqueur de pèlerins que le registre dit être mareschal de Thoulouse, homme noble et grand courtisan, lequel étoit travaillé d'une maladie qui est auiourd'huy assez commune parmy ceux qui sont ennemis de l'ancienne simplicité. Passant un iour avec son train par la chaussée du Bourget, non loing de la chapelle de Notre-Dame des Vertus, rencontra quelques pèlerins qui alloient chantans hymnes et cantiques à l'honneur de la Vierge ; il arreste et, se gaudissant de leur façon et intention, monstroit qu'il n'avoit guère à cœur l'honneur de Dieu et de sa sainte mère. Mais tout aussitôt avec la punition il ressentit le mal qu'il avoit fait, devenant tellement enflé qu'il n'attendait rien que la mort. Celuy qui lui donnoit la peine luy fit la grâce de recongnoistre la main qui l'avoit frappé. Il demanda la médecine à Celuy qui luy avoit envoyé la maladie ; et de mocqueur de pèlerins il devint dévot pèlerin, demanda pardon de sa faute et guérison pour le mal : Dieu qui l'avoit frappé mocqueur le guarit dévotieux à sa mère et dissipa son mal avec son infidélité, et d'un gausseur en fit un prédicateur des louanges de la Vierge [1]. »

En reconnaissance de sa guérison miraculeuse, le comte de Toulouse aurait donné, nous a-t-il été dit, quatre cierges en cire massifs à l'église d'Aubervilliers. Ces cierges auraient été, lors de la Révolution de 1793, enlevés et conservés pieusement par une famille chrétienne d'Aubervilliers ; le curé actuel de la paroisse, les ayant retrouvés, les a fait placer dans la chapelle de Notre-Dame où l'on peut les voir, avec une plaque de marbre portant une inscription en lettres d'or et relatant la guérison du comte de Toulouse en l'année 1338, le don par lui offert, la disparition des cierges en 1793 et la réintégration qui vient d'en être faite. Ces quatre cierges sont évidemment très-anciens ; remontent-ils réellement au comte de Toulouse, au commencement du quatorzième siècle? C'est une autre question. Dubreul ne dit pas qu'à la suite de cette guérison, des cierges aient été offerts à l'église ; ce fut, selon lui, un don en cire, mais d'une autre nature :

> Au même instant guarit et la vint visiter,
> Et son pourtraict de cire au temple fit porter.

---

1. *Miracles de Notre-Dame des Vertus.*

Poursuivons le cours de ces relations intéressantes. Le troisième miracle est celui d'un enfant noyé et ressuscité :

> Un jour donc il advint que l'enfant d'un mercier
> Dans l'eau de Saint-Denys tombant s'en va noyer.
>
> . . . . . . . . . . . . . . . . . . . . .
>
> Ce mercier de retour entrant en sa maison
> Vid plorer de son fils la mort hors de saison.
> Lors se mit à prier humblement Notre Dame
> De lui rendre la vie et au corps unir l'âme.
> De ce pas il s'encourt droict à Aubervilliers
> Sur l'autel met l'enfant, ses amours singuliers,
> Et, levant l'œil au ciel, adresse sa prière
> A la mère de Dieu qui lui rend la lumière.
>
> . . . . . . . . . . . . . . . . . . . . .
>
> Pour cet œuvre du Ciel à jamais n'oublier
> Les merciers du pays se vont associer,
> Et d'un commun accord font une confrairie
> Qu'ils appellent du nom de la vierge Marie.

Faut-il demander pardon au lecteur de tous ces mauvais vers? A quoi bon? Le point de vue littéraire est ici bien secondaire. Les délicats ne trouveront guère mieux leur compte dans les récits suivants. *Quatrième miracle : D'un enfant muet par l'espace de sept ans qui commença à parler.* — *Cinquième miracle : D'un enfant mort-né ressuscité.* Ici l'historien du fait précise le jour où la chose arriva. C'était le 21 février

1582 ; il nomme le père et la mère, le prêtre qui baptisa l'enfant, le parrain et la marraine qui le tinrent sur les fonts du baptême et ajoute les noms de cinq ou six autres témoins. Un autre enfant, venu au monde par un douloureux accouchement, après trois jours entiers passés sans aucun signe de vie, ressuscite, est baptisé et grandit heureusement. Un *ex-voto* suspendu au mur contenait le récit de ce miracle et portait la date de l'année 1598. L'historien qui raconte les faits que nous venons d'énoncer, ajoute que, lorsqu'il s'opérait ainsi un miracle, le son des cloches avertissait les populations voisines de venir en prendre connaissance et en rendre grâces à Dieu : « Par l'espace d'une heure, on n'oyoit que le son des cloches qui sonnoient en branle et carillon [1]. »

L'église ne tarda pas à recueillir les fruits de la grande renommée que lui faisaient de pareils prodiges et du grand concours de fidèles qu'ils y attiraient. Ce n'était plus le modeste sanctuaire d'autrefois, trop pauvre pour qu'on le réédifiât. La reconnaissance l'enrichissait tous les jours. Mais le malheur des temps qui livrait le pays au fléau de la guerre n'épargna pas Aubervilliers. En l'année 1371, le roi Charles V s'était vu dans l'obligation d'exempter de toutes charges et de tout impôt les habitants de ce village, à condition qu'ils fourniraient chaque année soixante-dix charretées de paille. Ses lettres patentes

---

1. M. Hamon, *Notre-Dame de France*.

données dans son hôtel de Saint-Paul à Paris déclarent qu'il a pris en considération que ce village, pour le fait des guerres, avait été « ars détruit et gasté en telle manière que les hommes riches s'étaient départis dudit lieu pour venir demeurer à Paris et ailleurs, ceux qui restoient se trouvoient par là même dans la plus grande détresse. »

La paroisse était vite redevenue florissante, grâce au pèlerinage. Sa prospérité devait être encore bientôt interrompue. Les Armagnacs, s'étant emparés d'Aubervilliers, y commirent toute sorte de désordres et ravagèrent entièrement l'église qui fut laissée en tel état que le cardinal d'Estouteville, légat du Souverain Pontife en France, en fut profondément affligé. Voulant en favoriser le rétablissement, il publia, en date du 22 mai 1452, une lettre qui accordait cent jours d'indulgence à tous ceux qui aumosneraient et visiteraient ladite église, le jour de la fête de saint Christophe, son patron, le sixième ou le huitième dimanche après la Pentecôte, anniversaire de sa dédicace, aux fêtes de la Nativité et de l'Assomption de la sainte Vierge et le deuxième mardi du mois de mai auquel resta fixée la fête de Notre-Dame des Vertus [2].

Les visites royales qui avaient salué la naissance de Notre-Dame des Vertus, ne pouvaient manquer d'illustrer encore le cours de ses destinées. En 1474,

2. Lebeuf, *Hist. du dioc. de Paris.*

alors que le bourg d'Aubervilliers ne comptait pas plus de cinquante feux, Louis XI y venait, attiré bien certainement dans cette humble localité par la célébrité de son pèlerinage et dans le but de rendre ses hommages à la Vierge de cette église, qui était pour lui la sœur des illustres Notre-Dame d'Embrun et de Cléry. On ne dit rien des présents qu'il y fit, mais le monarque avare en beaucoup de choses était prodigue pour les sanctuaires qui avaient sa prédilection; il est à croire que celui d'Aubervilliers eut à se louer de sa libéralité. Deux années ne s'étaient pas écoulées que la sainte maison le recevait de nouveau dans l'enceinte de ses murailles.

Un demi-siècle plus tard, il se fit une démonstration solennelle de la piété catholique qui, pour protester contre les attaques impies dont Marie était l'objet de la part des novateurs, fixa à Aubervilliers le but de son pèlerinage. C'était en l'année 1529, sous François Ier, quelques jours avant Pâques; le protestantisme commençait à envahir la France et préparait au royaume une longue série de malheurs. Pour les conjurer, toutes les paroisses de Paris se réunirent à la cathédrale. On en partit pour se rendre en procession à Notre-Dame des Vertus, chacun portant à la main des torches ou des flambeaux. Il y en eut une telle quantité, que ceux qui étaient vers Montlhéry pensèrent que le feu fût dans Paris. « Et se faisoit cette procession pour exterminer les hérétiques [1]. »

Le mouvement des populations allait toujours croissant et l'église était devenue tout à fait insuffisante. Déjà l'on avait commencé à la rebâtir sur un plan et sur des dessins qui accusent nettement cette époque de la fin du quinzième siècle ou du commencement du seizième, où le gothique a déjà perdu en partie son vrai caractère et semble s'effacer pour faire place aux combinaisons et aux ornements de la Renaissance. Ce fut un intérieur à trois nefs parallèles qui se terminent en ligne droite sans abside et sans chœur. Celle du milieu qui subsiste encore telle qu'elle était alors, offre toujours aux regards du visiteur la profusion de ses nervures prismatiques et le profil de ses colonnes où le chapiteau disparaît comme un ornement vieilli que l'artiste rejette parce qu'il a le secret d'appuyer solidement sans ce secours la retombée des voûtes; ces voûtes elles-mêmes, il ne craint pas de les surcharger, tant il se croit sûr de les avoir élevées dans une parfaite harmonie, capables de braver les siècles. Ce sont partout, à l'intersection des lignes qui les portent, de merveilleux pendentifs exécutés franchement dans le goût de la Renaissance et qui, suspendus sur vos têtes, semblent vous menacer de leur chute imminente. Ils se tiennent fermes cependant, du moins dans la nef principale, car il a fallu refaire les bas côtés qui s'é-

---

[1]. Dubreul, *Théât. des antiq. de Paris.*

croulaient. Nous sommes loin, il faut le reconnaître, du grand art du treizième siècle où la pierre seule porte la pierre. Ici tous ces brimborions curieusement ciselés sont accrochés à des crampons en fer qui laisseront bien quelque jour échapper leur fardeau. Les architectes du moyen âge semblent seuls avoir voulu bâtir pour l'éternité.

Tous ces travaux s'achevaient sous le règne de Henri II. La tour qui est grandiose et tout à fait monumentale malgré la toiture en zinc sans caractère qui la recouvre, porte la date de 1541, et, comme à Saint-Denis, rappelle dans ses formes et dans ses dispositions l'architecture des forteresses. Elle écrase de sa masse imposante la façade à la droite de laquelle elle se dresse. Cette façade à trois divisions correspondant aux trois nefs est trop petite et d'un médiocre effet; elle paraît postérieure à la tour et trahit d'une manière assez distincte le goût qui présida plus tard aux constructions élevées par les Jésuites. Une statue de la sainte Vierge, placée dans une niche, occupe le milieu de la partie supérieure.

Le monument tout entier, élevé sur d'assez vastes proportions, n'était point trop grand pour la foule qui se pressait souvent dans son enceinte. Telle fut bientôt l'affluence des fidèles, principalement aux jours de fête et même tous les samedis que le curé ne pouvait plus, avec les prêtres trop peu nombreux qui lui était adjoints, suffire à entendre les confessions des fidèles. On eût pu lui donner quelques vicaires en plus ; mais les religieux étaient influents et désiraient que l'administration de la paroisse leur fût confiée ; ils représentaient d'ailleurs qu'ils étaient seuls en état de pourvoir à toutes les nécessités du pèlerinage avec tel nombre de prêtres qu'on jugerait à propos, En 1619, le gouvernement de l'église fut, en vertu de lettres patentes du roi, remis entre les mains des Pères de l'Oratoire. La congrégation y établit d'abord huit prêtres auxquels il fallut adjoindre bientôt de nouveaux coopérateurs, tant se faisait chaque jour plus considérable la foule des pèlerins qui venait prier à l'autel de Notre-Dame des Vertus.

Ce changement toutefois ne se fit pas sans de grandes difficultés. Le curé et les habitants protestèrent énergiquement. On ne tint compte de leurs réclamations. Les prêtres de l'Oratoire eurent le bon esprit, d'ailleurs, de ne rien changer au service de l'église qui fut avec eux ce qu'il avait été avec les prêtres séculiers. Les pratiques auxquelles tenaient les paroissiens furent respectées : marguillers, quêtes, confréries, processions, enterrements, mariages, cérémonies du culte, tout resta comme par le passé ; et les religieux ne tardèrent pas à être acceptés volontiers de tout le monde. On s'en trouva très-bien, d'ailleurs, au point de vue de l'ordre et de la bonne administration. Tous les ecclésiastiques qui venaient du dehors devaient s'adresser, pour dire la messe, au père sacristain qui leur assignait une heure ; et quand le nombre des prêtres ne suffisait pas à acquitter toutes les intentions des messes, le père sacristain avait soin de les faire acquitter un autre jour. Il écrivait les noms de ceux qui demandaient des messes et prenait note de l'argent qu'ils donnaient pour les prêtres qui devaient célébrer. Ainsi se passaient les choses au temps de Dubreul, qui n'est si bien instruit de ces détails que parce qu'il a vu par lui-même. Le même auteur ajoute : « Cette église est fort honnestement entretenue. Il y a de fort bonnes orgues, et les autels bien parez, l'œuvre ou la fabrique faite de belle menuiserie neufve et plusieurs bans. Outre cela, les communions, les confessions, les catéchismes, les prédications, les exhortations y sont fréquentes [1]. » Un autre historien du temps, Pignaniol, remarque que l'église d'Aubervilliers ressemblait moins à une église de campagne qu'à une cathédrale de province. Elle eut même un séminaire que les Oratoriens y fondèrent en 1642, et qui fut longtemps florissant.

Il n'est pas étonnant qu'avec un pareil clergé le pèlerinage se soit maintenu en grand honneur. « Le père Garnier, savant jésuite, y allait tous les ans à pied et à jeun ; l'illustre M$^{me}$ de Pollalion y venait souvent de Paris, nu-pieds, même pendant les grands froids de l'hiver [2]. » M. Alain de Solminhac et une foule d'autres saints personnages aimaient à

---

1. Dubreul, *Supplément.*
2. Lebeuf, *Hist. du dioc. de Paris.*

venir prier Marie dans ce sanctuaire; M. Ollier s'y retira pour consulter Dieu sur la fondation de sa société; M. de Bretonvilliers commençait toujours ses vacances par ce pieux pèlerinage; enfin, le séminaire Saint-Sulpice tout entier s'y rendait en corps tous les ans, le mardi de la Pentecôte, avec toute la paroisse qui y allait en procession et en revenait de même après avoir chanté la grand'messe devant l'image vénérée [1].

Cette dévotion n'a point disparu avec les siècles : encore aujourd'hui les populations s'y pressent; le second mardi de mai, les mères y apportent leurs enfants et viennent les recommander à Notre-Dame des Vertus. On cite encore, au nombre des saints personnages qui sont venus prier dans ce sanctuaire, saint François de Sales, saint Vincent de Paul et le bienheureux de la Salle. Le cardinal de Bérulle, sur le point d'établir l'ordre des Carmélites en France, y fit dire des messes pour obtenir que Dieu l'éclairât et le dirigeât dans son entreprise.

Il résulterait même, paraît-il, des documents qu'on se réserve de produire, que Notre-Dame d'Aubervilliers a la gloire d'avoir pour fille Notre-Dame des Victoires, « *matre pulchrâ filia pulchrior,* » comme l'a dit le poëte. On veut que Louis XIII, sur le point d'entreprendre l'expédition de la Rochelle, soit venu s'agenouiller devant l'image de Notre-

---

1. M. Hamon, *Notre-Dame de France.*

Dame des Vertus; qu'il ait demandé là, en termes dignes de sa piété, le succès de ses armes et la défaite du protestantisme, promettant d'élever à son retour un temple en l'honneur de Notre-Dame des Victoires. On sait comment cette pensée du roi très-chrétien fut réalisée plus tard, comment, pendant de longues années, le nouveau sanctuaire n'eut point toute la gloire que semblait lui promettre son nom, comment enfin il s'est élevé tout à coup à la hauteur des plus illustres Notre-Dame du monde catholique [1].

Quant au pèlerinage d'Aubervilliers, la Révolution de 1793 fut sa ruine; il est resté depuis lors dans un complet oubli. Ce n'est que tout récemment qu'on a songé à le relever. Malgré l'indifférence religieuse des populations qui environnent Paris, il n'est pas impossible qu'on y parvienne grâce aux efforts et au zèle du curé d'Aubervilliers qui, dans cette œuvre de restauration, sera aidé par l'entraînement universel et le mouvement de plus en plus marqué des peuples chrétiens vers les antiques pèlerinages.

1. Voir *Notre-Dame des Victoires,* par l'abbé Lambert.

## Saint-Maur les Fossés et Notre-Dame des Miracles.

La domination romaine, lors même qu'elle eut triomphé dans toute l'étendue des Gaules, y rencontra longtemps des résistances qui ne cédaient à la force, sur un point du territoire, que pour se reproduire ailleurs. En vain le vieux parti national était-il partout écrasé, il ne pouvait renoncer à l'espoir de reconquérir un jour son indépendance.

Vers la fin du troisième siècle, aux environs de Lutèce, des bandes armées tenaient la campagne et refusaient encore de se soumettre à la loi du vainqueur. Elles avaient, dans la presqu'île formée par les sinuosités de la Marne, en face du village de Creteil, un camp retranché où elles trouvaient un refuge assuré. On donnait à ces révoltés le nom de *Bagaudes*. C'étaient les hommes les plus énergiques du pays gaulois, auxquels venaient se joindre les mécontents de toutes sortes, ceux que l'autorité poursuivait à bon droit pour des méfaits réels et aussi ceux qu'elle persécutait injustement, tels que les chrétiens qui entraient volontiers dans les rangs de ces partisans, parce qu'ils y trouvaient la liberté religieuse que les Césars leur refusaient.

L'empereur Maximin, qui régnait alors, était un des plus odieux persécuteurs. Après avoir versé le sang des chrétiens de Rome, il lui tardait de passer dans les Gaules pour y exercer de nouvelles cruautés. La révolte des Bagaudes lui en fournit l'occasion. Ayant partout marqué son passage par des proscriptions et des exécutions sanglantes, il arriva sur les bords de la Marne, où son armée régulière eut facilement raison des bandes indisciplinées des Bagaudes. Il ne tarda pas à s'emparer de leur camp retranché ; puis il fit massacrer non-seulement ceux qui furent pris les armes à la main, mais la population de Creteil tout entière ; vieillards, femmes et enfants, furent, par son ordre, passés au fil de l'épée, comme suspects d'avoir appartenu soit au parti des Bagaudes, soit à la race abhorrée des chrétiens.

Il y avait effectivement beaucoup de chrétiens parmi les habitants de Creteil. D'infatigables apôtres étaient venus s'établir chez eux, et leurs travaux avaient été récompensés par des conversions nombreuses. C'étaient les saints Agoard et Aglibert, auxquels était adjoint saint Félix. Les pasteurs eurent encore le suprême bonheur de mêler leur sang à celui de leur troupeau et de faire le même jour leur entrée dans le ciel avec ceux qu'ils avaient gagnés à Jésus-Christ. On conçoit quel souvenir dût laisser dans l'esprit des fidèles l'exécution de tous ces martyrs. Le village reçut un titre glorieux dans les fastes de l'Eglise de Paris : on l'appela le *premier bourg de la chrétienté;* et sitôt qu'il fut possible de donner un libre cours à la piété, les populations chrétiennes rendirent leurs hommages aux dépouilles de ceux qui avaient été égorgés pour Jésus-Christ. Leurs ossements furent déposés dans une crypte, au-dessus de laquelle s'éleva l'église paroissiale de Creteil; ceux des apôtres furent mis à part pour être honorés d'un culte spécial. L'église de Saint-Maur eut dans la suite, à une époque qu'il serait impossible de préciser, l'avantage de posséder les reliques des saints de Creteil.

Le village de Saint-Maur est dans la presqu'île et n'est séparé que par la rivière de celui de Creteil. Il semble, d'après les anciens auteurs, que les Romains avaient établi sur l'emplacement du camp des Bagaudes un château fortifié qui tombait en ruines au septième siècle. Un diacre de Paris, nommé Blidégisille, demanda alors à Clovis II de lui en faire la cession pour y fonder un monastère. Il l'obtint avec tout le territoire de la presqu'île. L'établissement n'eut point une grande importance tout d'abord; il est désigné dans les actes du temps sous le nom de *Cella Fossatensis;* et deux siècles plus tard, on l'appelle encore *Cœnobiolum,* au temps où déjà s'élève un village à l'ombre de ses murs.

Quoi qu'il en soit, la petite abbaye des Fossés eut un saint pour premier abbé. Il s'appelait Babolein. Ce fut lui qui fit construire, du côté du cloître qui regarde vers l'orient, une chapelle en l'honneur de la très-sainte Vierge, destinée à devenir le centre d'un pèlerinage très-suivi sous le nom de Notre-Dame des Miracles.

Saint Babolein avait la dévotion de s'en aller la nuit, en toute saison et quelque temps qu'il fît, avec deux de ses religieux, dans le courant de la Marne ; là, se tenant debout sur trois grosses pierres, ils récitaient ou chantaient les psaumes du saint office. Il accomplit pendant sept années cette rude mortification. Une nuit, dans le temps où la nouvelle chapelle venait d'être achevée, un ange apparut aux trois religieux et leur annonça que le lendemain le sanctuaire serait consacré par Jésus-Christ lui-même. Ils ne manquèrent pas de s'y rendre pour être témoins du prodige, et ils eurent le bonheur de voir s'accomplir en leur présence toutes les cérémonies de la consécration divine. « En témoignage de ce miracle, ces trois grosses pierres où ils faisoient oraison se voyent encore à la mesme rivière jusques a présent que j'écris cecy, qui est sur la fin de l'année 1639. Cet endroit s'appelle maintenant le Port de sainct Babolein, qui est un lieu un peu à l'écart, dans un bras de la Marne, au dessous du moulin de l'abbaye. Il y a encore plusieurs personnes qui, ayant la fièvre, vont puiser de l'eau au dict port avec confiance après en avoir beu de recevoir guérison [1]. »

Le saint abbé, étant mort, demanda à être enterré

---

[1]. *Vie de saint Maur*, par le P. Ignace de Jésus-Maria.

aussi près que possible de la chapelle qu'il avait fait bâtir, mais en dehors de son enceinte, son humilité lui persuadant qu'il n'était pas digne d'y reposer. Sa dernière volonté fut ponctuellement exécutée. Mais, toujours au rapport de nos légendaires, son corps ne resta pas longtemps à la porte du sanctuaire. Il fut transporté miraculeusement du lieu où on l'avait déposé dans l'intérieur de la chapelle, et tout près de l'autel de la sainte Vierge.

Les restes mortels du serviteur de Dieu, marqués ainsi du cachet de la sainteté, furent précieusement conservés comme une richesse nouvelle qui s'ajoutait à celles que son église possédait déjà. Elle allait acquérir bientôt un autre trésor.

Les bâtiments du monastère avaient été reconstruits, en 818, avec l'autorisation de l'empereur Louis le Débonnaire, par Begon, comte de Paris. Les souverains commençaient à traiter l'abbaye avec beaucoup de faveur. Charles le Chauve en donnait spécialement la preuve, cinquante années plus tard.

Les Normands avaient jeté l'épouvante dans nos contrées. L'Anjou se voyait exposé à leurs ravages. Les religieux du monastère de Glanfeuille, redoutant leurs dévastations, venaient de s'enfuir de leur maison. Ils emportaient avec eux les reliques de leur patron, saint Maur, qui avait été le disciple de saint Benoît. En 845, Gauzlin, leur abbé, avait ouvert le tombeau du saint et en avait retiré son corps pour le placer dans une châsse précieuse. Les religieux de

Glanfeuille erraient de côté et d'autre, cherchant en quel lieu ils pourraient mettre en sûreté les saintes reliques de leur patron. Charles le Chauve leur ordonna de l'apporter à l'abbaye des Fossés. Enée, évêque de Paris, alla au monastère pour recevoir le sacré dépôt et le porta lui-même sur ses épaules dans l'église, auprès de l'autel des saints apôtres, où il le plaça dans un coffre de fer. Cette cérémonie eut lieu le 13 novembre 868 [1]. Au mois de février de l'année suivante, l'empereur, à son retour de Bourgogne, s'empressa de venir rendre ses hommages au saint tombeau ; et quand il fut de retour à Saint-Denis, il envoya pour le couvrir deux pièces d'étoffe d'un très-grand prix. L'évêque fit une ordonnance en vertu de laquelle le clergé de Notre-Dame devait se rendre chaque année, à jeun, au monastère, et y faire une station, au jour de la fête établie en l'honneur de l'arrivée de saint Maur, *adventû ssancti Mauri*.

L'asile que Charles le Chauve avait donné aux saintes reliques était bien peu sûr. Dix ans plus tard, les religieux devaient l'abandonner et s'exiler avec leurs trésors, pour ne pas les voir détruits par les Normands. Leur monastère fut saccagé pendant leur absence. Abbon, évêque de Soissons, l'ayant fait reconstruire, les saintes reliques y rentrèrent en l'année 920. Le corps de saint Maur fut placé au lieu le plus éminent de l'église, vers l'orient.

1. *Hist. de l'ancien dioc. de Paris,* par Lebeuf.

Le chef en avait été séparé et mis dans une petite châsse. Saint Babolein fut apporté lui-même dans la grande église en 989, ce séjour étant considéré comme plus honorable à cause de la présence de saint Maur.

Au temps de Hugues Capet, une réforme était devenue nécessaire dans le monastère. Saint Mayeul y établit les religieux de Cluny et fit reconstruire l'église. L'impulsion qu'il donna à la vie religieuse fut féconde en grands résultats. L'abbaye acquit une telle réputation de vertu et de sainteté, que, du temps de Louis le Gros on ne l'appelle plus que la sainte église des Fossés, « *sancta Fossatensis ecclesia,* » disent les diplômes. Elle ne prend le nom de Saint-Maur que vers le treizième siècle.

La chapelle construite par saint Babolein était restée jusqu'à cette époque sans grande renommée. Elle ne dut le pèlerinage dont elle devait être l'objet qu'à l'image de la très-sainte Vierge connue sous le nom de Notre-Dame des Miracles, dont l'existence remonte à l'année 1060. Guillaume, comte de Corbeil, après avoir mené une vie peu édifiante, tomba dans une très-grave maladie qui le fit rentrer en lui-même. Il se fit porter dans la chapelle où se trouvait encore le sépulcre vide de saint Babolein. Là, il promit de se faire religieux dans son monastère, s'il recouvrait la santé. Etant guéri, il tint parole, vendit tous ses biens pour les distribuer aux pauvres et aux églises, et voulut en consacrer une partie à faire décorer de statues le sanctuaire dans lequel son mal avait pris fin. Il fit venir le meilleur sculpteur qu'il put trouver, et lui commanda de se mettre à l'œuvre et de commencer par la statue de la sainte Vierge. L'artiste, s'étant enfermé dans son atelier, se disposait à donner le premier coup de ciseau, quand il s'entendit appeler très-distinctement. Il se crut mandé par le comte et sortit précipitamment. Quand il rentra, il trouva toute faite la sainte image, assez grossièrement taillée dans le bois, telle cependant qu'il n'eût su la faire mieux, et représentant la Vierge debout comme au pied de la croix, avec un visage et dans l'attitude que dut avoir la mère de douleur. Rumolde — c'était le nom de l'artiste — fit, quelque temps après, le pèlerinage de la Terre-Sainte; il y tomba malade et avait perdu l'espérance de revoir sa patrie; mais la sainte Vierge lui apparut et lui rendit la santé. Il la reconnut aisément, car elle avait les traits de la statue qu'il avait contemplée et qui, dans sa conviction, comme au dire du chroniqueur, avait été fabriquée par la vertu du Très-Haut.

Ainsi tout se réunissait pour rendre illustre la vieille abbaye et pour y attirer un grand concours de fidèles. Non-seulement la sainte image de Marie était l'objet d'un culte empressé, non-seulement les prières qu'on lui adressait étaient récompensées par des faveurs qui valurent à la chapelle le nom de Notre-Dame des Miracles; mais l'église était enrichie d'un nombre prodigieux de saintes reliques dont la renommée était telle qu'on venait les visiter en foule. C'était, outre les saints de Creteil, le corps de saint Maur et celui de saint Babolein, une châsse qui renfermait des ossements de sainte Colombe ; c'était un fragment des os de saint Pierre, une partie du chef de saint Philippe, un doigt de saint Mathieu, enfin une châsse très-vieille ornée de figurines représentant les apôtres et les mages, laquelle avait été apportée de Constantinople et qui ne contenait pas moins d'une vingtaine de reliques extraordinairement précieuses. Il y en avait, dit-on, des rois mages.

Saint Maur était toujours en grand honneur dans le monastère qui commençait déjà à porter son nom. En 1137, au milieu d'une sécheresse désolante, sur l'ordre d'Etienne, évêque de Paris, son corps avait été porté en procession ; et, par son intercession, les prières du peuple fidèle avaient obtenu la pluie, dont la terre était privée depuis longtemps.

L'église et la chapelle de Notre-Dame des Miracles furent presque entièrement rebâties au quatorzième siècle, et la splendeur des constructions nouvelles rehaussa l'éclat de ces sanctuaires et imprima un plus grand élan à la piété des fidèles. En l'an 1377, l'empereur Charles IV étant venu en France pour y voir le roi Charles V, son neveu, voulut aller en pèlerinage à Saint-Maur. Il s'y rendit le mardi 12 janvier et y entendit la messe ; à l'offrande, il fit don de cent livres à l'abbaye. Il était alors très-souffrant de la goutte; sa piété fut récompensée par un soulagement très-sensible de ses douleurs : il en conserva le souvenir, et, de retour dans ses Etats, se trouvant repris par son mal, il pria le roi de lui envoyer des reliques de saint Maur. Charles V fit extraire quelques fragments des ossements du saint et les fit remettre à l'empereur dans un reliquaire d'or.

C'était l'époque où le pèlerinage était plus florissant que jamais. Les habitants de Saint-Maur exerçaient un commerce assez lucratif en vendant aux pèlerins des chandelles et de petites images en plomb. Les religieux prétendirent que ce droit leur appartenait exclusivement. Un procès eut lieu à ce sujet en 1391, dans lequel le monastère fut débouté de ses prétentions.

La grande fête qui attirait des foules innombrables à Saint-Maur était celle du 24 juin. Les saints de Creteil avaient été, croyait-on généralement, martyrisés ce jour-là; on venait honorer leurs tombeaux, ceux des autres saints, et rendre ses hommages à Notre-Dame des Miracles. La piété fut donc tout d'abord le seul motif du pèlerinage. Les religieux jugèrent à propos de faire, la veille de ce jour, plusieurs cérémonies qui devaient nécessairement attirer de nombreux curieux. C'était d'abord l'ouverture des assises de l'abbaye, puis l'hommage féodal rendu à l'abbé par tous ses vassaux; tout cela se faisait en très-grande pompe, avec des hommes d'armes dont la présence et les manœuvres donnaient de l'éclat à la fête ; enfin, comme on était à la veille de la Nativité de saint Jean-Baptiste, le soir, quand la nuit était venue, on allumait le feu de Saint-Jean. La nuit arrive fort tard en cette saison ; et quand toutes les réjouissances étaient finies, les Parisiens ne pouvaient songer à rentrer chez eux. Le matin, dès la première aube du jour, on célébrait la messe à l'abbaye ; après quoi, la foule se dispersait. Cependant la fête religieuse se trouvait ainsi presque supprimée et remplacée la veille par des réunions de curiosité dans lesquelles il y avait beaucoup de tumulte. Les religieux commencèrent alors à exposer, le 23, les reliques des saints de Creteil et celles de saint Maur, et publièrent les indulgences accordées par le pape à ceux qui les visiteraient pieusement. On rendit ainsi à quelques égards son vrai caractère au pèlerinage, mais on ne supprima pas tous les désordres.

Quand l'abbaye eût été sécularisée, convertie en doyenné et réunie à l'évêché de Paris, en 1533, sous l'épiscopat de Jean du Bellay, les chanoines qui remplacèrent les religieux trouvèrent trop fortement établie la coutume de ces fêtes pour qu'il fût possible de les supprimer. Seulement, comme il y avait des inconvénients nombreux à faire attendre toute une population jusqu'à l'aurore pour entendre la sainte messe, ils crurent mieux faire en la célébrant à minuit, il en fut ainsi jusqu'en 1735, où M$^{gr}$ de Vintimille, pour mettre fin aux abus qui toujours existaient, défendit absolument aux chanoines de célébrer cette messe.

La dévotion à Notre-Dame des Miracles se maintint dès lors dans une ligne plus correcte, plus conforme à la véritable piété qui aime le recueillement et ne se trouve point dans le tumulte. Les fidèles, reconnaissants des grâces qu'ils obtenaient par la très-sainte Vierge, exprimèrent le désir d'établir une confrérie à Saint-Maur sous le nom de Notre-Dame des Miracles, comme il en existait déjà dans les sanctuaires les plus vénérés de Marie. Le premier archevêque de Paris, M$^{gr}$ de Gondy, en autorisa l'institution par une ordonnance en date du 26 août 1624 ; et trois ans plus tard, le pape Urbain VIII approuva cette confrérie par une bulle qui l'enrichissait de nombreuses indulgences.

Quelle peut être la valeur de la légende qui affirme que la sainte image vénérée dans la chapelle de Notre-Dame des Miracles est d'une provenance toute céleste : « *Iconia beatæ Mariæ Virginis quam effigiavit virtus Altissimi?* » Il ne nous appartient point de le dire. L'imperfection et la grossièreté du travail ne suffiraient certainement pas à prouver le contraire. Quoi qu'il en soit, il n'est pas douteux que la statue ne soit une des plus anciennes qui aient été l'objet de la piété des fidèles, et ce titre seul suffirait à la rendre chère aux âmes catholiques. Le Père de Condren, qui réunit à Saint-Maur une communauté d'ecclésiastiques non moins distingués par leur science que par leur piété, avait pour elle une dévotion toute spéciale et avait placé sous sa protection particulière l'institution qu'il avait fondée. M. Ollier, à peine entré dans la nouvelle communauté, se distingua par le culte de confiance et d'amour qu'il professa toujours envers elle. Il aimait à passer de longues heures dans la chapelle de Notre-Dame des Miracles, à épancher son cœur dans le cœur de Marie, et il témoigna dans la suite qu'il avait reçu beaucoup de grâces dans ce saint lieu [1].

La sainte chapelle, qui avait été reconstruite au quatorzième siècle, en même temps que la basilique de l'abbaye l'était en partie, a disparu en 1791 sous le marteau des démolisseurs de la Révolution. L'église abbatiale elle-même n'était plus qu'une ruine à cette époque ; elle avait été atteinte par les coups qui avaient successivement emporté le monastère, puis le chapitre collégial qui l'avait remplacé. Cette église avait eu ses splendeurs cependant, et sa ruine est pour tous les amis de l'art ancien un fait à jamais regrettable. Qu'on en juge seulement par la description très-imparfaite qu'en donnèrent en l'année 1779 les auteurs du *Dictionnaire historique de la ville de Paris et des environs* :

« Le bâtiment de l'église abbatiale de Saint-Maur, avec ce qui reste des anciens lieux réguliers, était situé dans l'endroit le plus bas du village et dominé

---

[1]. Voir *Vie de M. Ollier* par M. Faillon, t. I, p. 217.

par une montagne du côté du nord. D'abord, on trouvait les restes d'un ancien portique qui avait été de quatre travées, et dont la structure avait paru du troisième siècle. Il était entièrement découvert depuis plusieurs années, la voûte en ayant été abattue. On voit de cet endroit le haut du portail de l'église composé de pierres dures, à deux pieds, taillées en rond, en losange, etc., ce qui formait une espèce de marqueterie qui paraissait être de sept à huit cents ans. Dans la nef, tous les piliers étaient du temps du roi Robert, environ l'an 1000; mais ce qui était élevé sur ces piliers n'était pas si ancien, non plus que la voûte. La croisée était de l'architecture usitée au douzième siècle ou à la fin du onzième. Le sanctuaire était ce qu'il y a de plus nouveau, ne paraissant avoir que quatre cents ans; les vitrages étaient du quatorzième siècle. Cet ouvrage, quoique peu ancien, menaçait ruine parce que les fenêtres étaient trop larges et les trumeaux trop étroits. et c'était à cause du péril que l'on avait rapproché le grand autel du côté du chœur, dont les stalles se trouvaient par ce moyen dans la croisée. »

Outre cette église abbatiale qui fut démolie avant la Révolution, à l'époque où le chapitre de Saint-Maur transféré à Paris fut réuni à celui de Saint-Louis du Louvre, Saint-Maur en avait une autre affectée au service de la paroisse. Celle-ci existe toujours; elle est très-ancienne et, dans plusieurs de ses parties, accuse nettement, spécialement dans la tour, le caractère du onzième siècle. Le chœur, malgré des retouches maladroites, porte la marque du treizième ainsi que le bas-côté dont il est flanqué à droite. C'est dans une chapelle latérale à droite que se trouve aujourd'hui la statue miraculeuse ; elle est presque toujours enveloppée d'une large robe blanche de soie moirée qui en dissimule les formes disgracieuses et ne laisse à découvert que le visage où l'expression de la douleur se distingue toujours, même en dépit du frais badigeon dont on l'a colorié. En 1791, lors de la destruction de la chapelle des Miracles, la sainte image fut sauvée et portée révérencieusement à la place qu'elle occupe encore. La confrérie fut rétablie au mois de mai 1806, et le pape Pie VII lui accorda de nombreuses indulgences.

Le pèlerinage de Notre-Dame des Miracles est toujours en grand honneur. Les Pères de la compagnie de Jésus y conduisent chaque année leurs enfants de Vaugirard ; le petit séminaire de Notre-Dame des Champs aime aussi à visiter ce pieux sanctuaire dans le courant du mois de mai ; des communautés, des pensionnats de Paris, des patronages de jeunes filles viennent rendre leurs hommages à Notre-Dame des Miracles, principalement dans cette saison de l'année qui est consacrée à la Reine des fleurs et qui joint à l'attrait du pèlerinage le charme d'une promenade sur les bords frais et verdoyants de la Marne. La seconde semaine de juillet, consacrée à la neuvaine en l'honneur de Notre-Dame des Miracles, attire encore à Saint-Maur bon nombre de paroisses de Paris et des environs, et l'affluence des fidèles est, pendant ces neuf jours, très-considérable. Outre les grâces spirituelles obtenues dans ce sanctuaire, on en sollicite souvent d'autres pour obtenir la guérison des malades ou la préservation des petits enfants que des mères apportent à l'autel de Marie pour qu'on récite sur eux l'Evangile; on fait toucher des linges à la statue miraculeuse, dans la pieuse confiance que les malades auxquels ils seront appliqués en éprouveront soulagement et guérison. La confrérie est toujours florissante et compte de nombreux associés, ecclésiastiques ou laïques. On trouve sur le registre le nom de l'empereur Napoléon Ier inscrit à la date du 1er janvier 1812.

# EN CHEMIN DE FER

Notre-Dame de Bonne-Garde à Longpont et les pèlerinages du chemin de fer d'Orléans.

Il y a encore dans les diocèses de Paris et de Versailles de nombreux pèlerinages dont nous n'avons rien dit jusqu'ici. Quelques-uns sont assez célèbres pour qu'il soit nécessaire de leur consacrer une notice spéciale; d'autres ne présentent pas, dans leur histoire, un ensemble de faits assez importants pour qu'il y ait lieu d'en parler longuement. Il est bon de les connaître toutefois : le touriste chrétien ou le pèlerin peuvent avoir le désir de les saluer au passage ou de les visiter, et il faut au moins les signaler à son attention religieuse.

Ils sont disséminés pour la plupart le long des lignes de chemin de fer dont Paris est le centre, et ne peuvent se trouver jamais qu'à une faible distance des stations, tant est serré le réseau des voies ferrées qui rayonnent autour de la capitale. L'accès en est donc facile, et l'on peut toujours y arriver rapidement.

A peine a-t-on franchi l'enceinte des fortifications, au sortir de la gare d'Orléans, qu'on voit, à droite du chemin de fer, s'étendre dans la plaine et sur la colline, en face de Charenton, le village d'Ivry. C'est là que se retira, vers la fin du cinquième siècle, loin du monde et de la cour du roi Childebert où sa naissance lui donnait accès, un pieux solitaire qui plus tard illustra par ses vertus les bords de la Mayenne au pays du Maine. Saint Fraimbauld — c'était le nom qu'il portait — mourut dans un village du diocèse de Séez ; son corps fut rapporté au monastère qu'il avait fondé dans les solitudes de Passais, à Saint-Fraimbour de Prières, où son tombeau devint bientôt l'objet de la vénération de toute la France. Il y resta jusqu'au temps de Hugues Capet, où la reine Adélaïde le fit transporter dans l'église collégiale de Senlis. Le village d'Ivry n'oublia pas son saint patron. Sur la grotte même que le saint ermite avait habitée, s'éleva de bonne heure une chapelle où il y eut un grand concours de pèlerins. On y montrait une fontaine miraculeuse qui avait autrefois, par un prodige, enflé ses eaux pour dérober la retraite du saint aux recherches de son père, et qui procurait la guérison à de nombreux malades. La chapelle fut reconstruite au dix-septième siècle et devint le centre de la confrérie de saint Fraimbauld érigée en 1670 et favorisée par le pape Clément IX de nombreuses indulgences. Cinq ans plus tard, Ivry obtint du chapitre de Senlis une portion considérable des reliques du saint qui y furent conservées en grand honneur et dont la fête solennelle se faisait le 1ᵉʳ mai.

Les reliques et la chapelle ont disparu sous la Révolution, et la fontaine est aujourd'hui comblée. La confrérie n'existe plus; mais on pourrait réveiller encore dans ce pays les souvenirs du saint ermite et rendre la vie à son culte. La réalisation de cette pensée qui a préoccupé souvent les pasteurs de cette paroisse, serait, sans aucun doute, une source de grâces et de faveurs spirituelles pour la contrée.

Sur la même ligne, près de la station de Saint-Michel, à vingt-neuf kilomètres de Paris, se dresse un antique sanctuaire consacré à la mère de Dieu et connu sous le nom de Notre-Dame de Bonne Garde. Il se recommande tout spécialement à l'étude et à la piété.

On y arrive après avoir suivi quelque temps la vallée de l'Orge plus étroite et plus variée d'aspects que celle de la Seine. On a constamment sous les yeux des villages et des châteaux, des paysages charmants, des collines et des bois, des coteaux plantés de vignes et des prairies au milieu desquels serpente la petite rivière.

On laisse à gauche, après avoir passé la station d'Epinay, une petite forêt qui porte le nom de la patronne de Paris et dans laquelle se cache un humble village de trois cents habitants qu'on appelle Sainte-Geneviève des Bois. L'église est en partie du treizième siècle et elle est, depuis une époque très-reculée, le but d'un pèlerinage encore suivi en l'honneur de la sainte bergère de Nanterre.

Quelques minutes après, on s'arrête à Saint-Michel; on suit le chemin qui longe le parc et le château de Lormoy, et l'on arrive à Longpont, un village de six cents habitants qui doit son nom à la longue chaussée par laquelle il se relie à la rive droite de l'Orge. Tout près de là s'élève la colline que domine encore la vieille tour du château de Montlhéry, une forteresse, redoutable autrefois, qui se dressait au-dessus de trois terrasses, n'avait pas moins de cinq murs d'enceinte et fut longtemps un vrai repaire de brigands où des barons audacieux tenaient tête au roi de France et faisaient trembler tout le pays autour d'eux.

Sur ce théâtre d'hostilités sanglantes, Marie avait cependant étendu de bonne heure sa main protectrice. Au temps même des druides, suivant de vieilles chroniques, un roi des Carnutes, nommé Priscus, qui avait été témoin de l'érection de la fameuse Vierge druidique de Chartres et qui avait appris que le fils du seigneur de Montlhéry, son vassal, avait été miraculeusement ressuscité, fit faire une statue toute semblable à celle de Chartres et la fit mettre à Longpont [1], près des lieux où s'était opéré le pro-

---

1. Voir *Les grands pèlerinages et leurs sanctuaires. Notre-Dame de Chartres*, tome II.

dige. Suivant une autre légende, ce furent des bûcherons de la forêt qui trouvèrent, à la même époque, dans le creux d'un chêne, la statue druidique avec son inscription fameuse : « *Virgini parituræ.* »

C'est un fait bien extraordinaire que l'existence de ces Vierges, à une époque où le christianisme n'était pas né encore ; mais les monuments les plus authentiques le viennent confirmer. On en voit des exemples à Châlons et à Nogent ; et tout récemment, M. l'abbé Baudry, curé de Bernard, a découvert dans sa paroisse, au lieu dit Troussepoil *(Triapodia),* une série de puits funéraires gallo-romains. Dans l'un de ces puits, il a trouvé une statuette de 0,60 cent., en chêne entièrement noirci par le temps, tout à fait semblable à la Vierge de Chartres [1]. Une autre statue, identique de formes, mais beaucoup plus petite et en terre cuite, a été également découverte par lui dans un de ces puits funéraires.

La science vient donc très à propos appuyer ici les récits de la légende et démontre qu'il est très-possible qu'au premier siècle de l'ère chrétienne, ou même à une époque un peu antérieure, pareille découverte ait été faite à Longpont dans le tronc de quelque vieux chêne. Un petit monument aurait sans doute été élevé à cet endroit pour en perpétuer le souvenir, et la contrée encore infidèle aurait vénéré l'image druidique de la Vierge mère sans savoir ce

---

1. *Les puits funéraires gallo-romains,* par l'abbé Baudry.

qu'elle représentait. La tradition chrétienne serait venue bientôt après soulever les voiles de ce mystère et lui donner son véritable sens en l'appliquant à Marie, la mère du Sauveur. Suivant la tradition, saint Denis aurait appris aux habitants du pays, soit par lui-même, soit par son disciple saint Yon qu'il avait chargé d'évangéliser la vallée d'Orge, que la Vierge mère avait été annoncée par les prophètes et que ce grand événement d'où le salut du monde dépendait, s'était enfin réalisé.

Dès ce moment, un oratoire chrétien et sanctifié aurait abrité la sainte statue qui de plus en plus aurait été l'objet d'un culte de confiance et d'amour de la part des premiers fidèles. Il paraît même que saint Denis aurait fait don au pieux sanctuaire d'une bien précieuse relique qu'il tenait des apôtres et qu'il avait apportée avec lui dans les Gaules. C'était un fragment du voile de la très-sainte Vierge, lequel a traversé les siècles et, pieusement conservé, est arrivé jusqu'à nous. On peut le voir encore à Longpont dans le reliquaire de la sainte châsse. Il en est fait mention dans un cartulaire de l'an 1000. Cette sainte relique est accompagnée d'un très-ancien parchemin sur lequel on peut lire cette inscription en vieux caractères : « *C'est du voile de la benoîte mère de Dieu apporté de M$^{gr}$ sainct Denys.*

Quoi qu'il en soit, vers le dixième siècle, nous passons des origines plus ou moins certaines du pèlerinage sur le terrain de l'histoire. Le seigneur de

Montlhéry est en bonne intelligence avec le roi de France. Il se nomme Guy ; il est fils de Thibault, surnommé File-Etoupe, qui a reçu ce fief des mains de Hugues Capet ; il se souvient des bienfaits dont son père a été favorisé. Il a d'ailleurs épousé une vertueuse femme, presque une sainte. L'Eglise n'a jamais officiellement donné ce titre à cette pieuse princesse qui s'appelait Hodierne, mais ceux qui purent s'édifier au spectacle de ses vertus le lui attribuaient volontiers. Cette religieuse dame portait le plus haut intérêt au monastère qui existait à Longpont dès le temps de Charlemagne, auprès du sanctuaire de Marie et auprès de la fontaine à laquelle la postérité devait attacher le nom d'Hodierne. On lit dans un mémoire du temps qu'elle fit le voyage de Cluny pour demander à l'abbé de lui donner des religieux qu'elle pût installer à Longpont ; elle ne s'était pas présentée les mains vides aux portes de la sainte demeure : elle offrait à l'abbaye un calice d'or pesant trente onces et une magnifique chasuble qu'elle avait brodée de ses mains.

Elle observa bientôt que le sanctuaire de Notre-Dame ne répondait que très-imparfaitement à la haute vénération dont il était l'objet et n'était pas digne des saints religieux qu'elle y avait amenés, et elle obtint de son époux qu'il en fît élever un autre à ses frais. Le roi de France, Robert le Pieux, fut invité à en poser la première pierre ; il y vint avec l'évêque de Paris au diocèse duquel appartenait alors le monastère de Longpont. Guy et Hodierne ne se contentèrent pas de fournir généreusement tout l'argent nécessaire à cette construction ; ils s'intéressèrent aux travaux et voulurent y prendre part. On vit la pieuse princesse se mêler aux ouvriers et, sans crainte de flétrir ses blanches mains, s'employer à des œuvres pénibles qui réjouissaient sa piété. Elle pétrissait le ciment et allait chercher à la source voisine l'eau dont on avait besoin.

Les soins que s'imposait la noble dame pour aider la construction du sanctuaire étaient agréables au Seigneur. Les populations en ont gardé le souvenir en y mêlant des récits légendaires. Un méchant forgeron aurait un jour, dit-on, fait rougir au feu de sa forge le fer dont se servait Hodierne pour porter les seaux pleins d'eau aux travailleurs ; il les aurait en même temps percés pour les rendre impropres à leur destination. Mais la pieuse femme poursuivit son œuvre, sans que le fer rouge brûlât ses mains et sans que l'eau s'en répandît. En même temps, elle annonça au forgeron que Dieu le punirait de son impiété, qu'il mourrait avant la fin de l'année et que jamais aucun des siens ni aucun homme de sa profession ne pourrait se fixer à Longpont. Toujours est-il que, pendant des siècles, ce métier n'eût aucun représentant dans le village : nul ne s'est soucié, dans les anciens âges, de braver la malédiction d'Hodierne. C'est de nos jours seulement qu'un maréchal s'est établi sur la place aux abords de l'église ; il ne l'a fait qu'en tremblant et après avoir fait bénir par le curé sa forge et sa maison [1].

Hodierne fut donc la vraie fondatrice de l'église et du monastère de Longpont. Quand elle mourut, elle fut enterrée sur sa demande, non pas dans l'intérieur de sa chère église — elle s'en était jugée indigne, — mais dans le cimetière, à la porté du sanctuaire ; car elle avait toutes les vertus chrétiennes, cette noble dame. Ce fut à bon droit que le peuple des environs ne l'appela jamais que *sainte Hodierne ;* et l'on s'explique comment il a pu se faire qu'on ait souvent, au dire de l'abbé Lebeuf, demandé des messes en son honneur. Hodierne toutefois ne devait pas rester toujours à la place que son humilité avait choisie. En l'année 1651, Michel Lemasle, seigneur des Roches et prieur de Longpont, la fit transporter devant le grand autel et fit mettre cette inscription en latin sur sa tombe : « *Les ossements d'Hodierne comtesse de Montlhéry qui depuis l'an mille étaient restés dans le cimetière, ont été ici transférés par les soins de Michel Lemahsle, seigneur des Roches, prieur de cette maison, le dernier jour du mois d'août de l'année 1651.*

Le comte Guy de Montlhéry donna lui-même comme sa digne épouse de beaux exemples d'édification ; quand elle fut morte, il se retira au prieuré et se fit religieux. Il fut enseveli dans la nef de l'église

---

1. *Notice sur le pèlerinage de N.-D. de Bonne-Garde.*

du côté droit. Sa tombe était élevée de deux pieds au-dessus du sol, lequel, ayant été exhaussé plus tard et recouvert d'un carrelage, se trouva être au même niveau que le tombeau.

Le château de Monthléry n'eut pas longtemps de pareils maîtres. Guy Trouselle qui obtint en 1061 de l'évêque de Paris Geoffroy, que la donation de l'église de Longpont fut confirmée aux religieux de l'ordre de saint Benoît, n'en fut pas moins un véritable brigand, dont les faits et gestes causèrent au roi de France les plus graves embarras. Philippe I$^{er}$ ne se tira d'affaire qu'en contractant avec lui une alliance qui lui permit d'arracher la forteresse de ses mains redoutables pour en faire une propriété royale. Il la remit à son fils, en lui recommandant de bien garder cette tour qui lui avait valu tant de peines et de tourments.

Le conseil était bon, mais il fut malaisé d'en profiter. Monthléry devint bientôt l'occasion de luttes et de conflits sanglants, à la suite desquels il fallut s'en dessaisir en faveur de Milon de Braie, comte de Troyes. Malheureusement, ce seigneur eut dans la personne d'Hugues de Crécy un terrible compétiteur et ne put jouir longtemps de son domaine. Surpris par son adversaire, il fut jeté au fond d'un cachot dans son propre château et y languit quelque temps ; puis, son rival le fit précipiter la nuit par une fenêtre, après l'avoir étranglé de ses mains, espérant donner le change sur cette mort tragique et faire croire à un suicide. Le cadavre ensanglanté fut recueilli par Henri, prieur de Longpont, qui en donna connaissance au roi. Louis VI se hâta de venir de Paris à Montlhéry, avec Gerbert, évêque de Paris, pour y constater le crime et assister aux funérailles de l'infortuné Milon qui fut enseveli honorablement dans l'église du prieuré. Renauld, frère du prince assassiné, y accourut bientôt avec Manassès, vicomte de Sens. Tous deux versèrent des larmes devant l'autel de saint Pierre, firent chanter une messe pour le repos de l'âme du défunt et demandèrent vengeance. Le meurtrier, cité au tribunal d'Amaury de Montfort, son suzerain, dut y comparaître, y fit l'aveu de son crime, abandonna au roi de France la citadelle de Montlhéry et alla dans un monastère cacher sa honte et ses remords.

Déjà les seigneurs, barons et chevaliers briguaient à l'envi l'honneur d'être ensevelis dans l'église de Notre-Dame de Bonne-Garde. C'était le nom qu'on lui donnait dès cette époque. C'était un *lieu de grande dévotion,* disent les chroniques du treizième siècle, Marie y signalait tous les jours sa puissance par des miracles qui mettaient le sanctuaire en grand renom. Etienne de Vitry, sur le point de périr dans une horrible tempête, s'était autrefois recommandé à Notre-Dame de Longpont et avait échappé miraculeusement à la fureur des flots. On ne l'avait point oublié. Tous les jours, les malades se faisaient apporter à l'ombre des saintes murailles et y recouvraient la santé.

L'église de Longpont avait reçu déjà les plus illustres visiteurs. Elle avait vu saint Hugues, abbé de Cluny, et l'illustre abbé de Clairvaux, saint Bernard, qui était venu recommander à Notre-Dame le succès du concile qui devait se tenir à Etampes. En 1304, Philippe le Bel y venait prier et renouvelait plusieurs fois ses pieux pèlerinages. Louis de France, fils de Philippe le Hardi, un peu plus tard y prenait l'habit religieux, y passait une vie sainte et y laissait une mémoire bénie que consacre son épitaphe en lettres d'or gravées sur un marbre noir. Jeanne de Valois, à son retour de Bourges, s'y prosternait aux pieds de la madone. Louis VII, pour donner satisfaction aux besoins qui résultaient de l'affluence toujours plus considérable des pèlerins, y établissait un landit ou foire solennelle. Saint Louis, jeune encore, fuyant avec sa mère devant une insurrection des seigneurs de son royaume, venait se placer sous la bonne garde de Notre-Dame, s'enfermait à Montlhéry et ne tardait pas à être délivré par Thibault, comte de Champagne, qui avait été d'abord à la tête des révoltés.

Il serait trop long de faire la nomenclature de tous les personnages illustrés dans l'Eglise qui sont venus prier au sanctuaire de Longpont ou qui ont voulu compter au nombre de ses bienfaiteurs. La dévotion des peuples envers la glorieuse Vierge s'est traduite à toutes les époques, non-seulement par des sentiments et par des paroles, mais par des actes et des largesses qui ont enrichi la sainte demeure, tantôt par des faveurs spirituelles, tantôt par la donation des biens temporels dont on se dépouillait avec joie pour en faire hommage à Marie. En 1070, le moulin de Groteau était, avec ses dépendances, concédé en toute propriété par le seigneur de Montlhéry au monastère et à l'église. Six ans après, Godefroy et son épouse donnaient la terre de Luisant; Guy de la Bretonnière, la terre de Bretigny un peu plus tard ; Aymon, cinq mesures de froment à perpétuité; Guy, fils de Milon, sa personne et ses biens, à la seule condition qu'il aurait sa sépulture dans l'enceinte sacrée. Il faudrait y joindre une foule d'autres terres, de dîmes et de riches présents concédés à diverses époques par de pieuses femmes, des prieurs, des évêques, des seigneurs partant pour la croisade.

A ces avantages temporels viennent s'ajouter les faveurs spirituelles de souverains pontifes. En 1155, Eugène III soumet au prieuré les églises de Champlans, de Boudoufle, d'Orsay, de Pecqueuse, de Forges, de Nosayet, d'Orangis, avec tous leurs revenus. Plus tard, une bulle d'Alexandre III, dont le sceau a été retrouvé dans les fouilles de l'église, l'enrichissait de priviléges dont la teneur est inconnue, mais dont la concession n'est pas douteuse. Alexandre VII suivit l'exemple de ses prédécesseurs et se plut à témoigner de sa haute bienveillance envers le sanctuaire de Notre-Dame de Bonne-Garde [1].

---

1. Voir M. Hamon, *N.-D. de France*, tom. Ier, p. 398 et suiv.

On peut citer encore, parmi les évêques de Paris qui se signalèrent par de pieuses libéralités ou par des dons spirituels, Imbert de Vosgy, Guillaume et Foulques de Chanac, Aimeric de Magnac, Hardouin de Péréfixe, et de nos jours le vénérable cardinal Morlot. L'éminent prélat ne fit que marcher sur les traces de l'immortel Pie IX à qui le sanctuaire de Longpont conserve une éternelle reconnaissance. Parmi les prieurs de Longpont, le vénérable Bernard, en 1046; Thibault Ier, l'ami de Louis VII; Guillaume de Milly, plus tard abbé de Cluny; Jacques de Puivant, mort en odeur de sainteté, en 1511; Claude de Saint-Bonnel de Thoiras, évêque de Nîmes en 1683, etc., se signalèrent tous par leur piété envers Notre-Dame de Bonne-Garde [1].

L'église de Saint-Julien le Pauvre, qui sert aujourd'hui de chapelle à l'Hôtel-Dieu de Paris, avait été donnée elle-même par le chevalier Jacques de Vitry, par suite du vœu qu'il fit dans le péril extrême de la tempête auquel il échappa par la protection de Marie, comme l'atteste une pierre placée dans le latéral gauche de cette église. La glorieuse cathédrale de Chartres voulut affirmer aussi publiquement les liens de fraternité qui l'unissaient à Notre-Dame de Longpont et la communauté d'origine du pèlerinage. Pour édifier la merveilleuse charpente connue sous le nom de la Forêt, laquelle a péri dans l'incendie du

---

1. Voir la *Notice sur le pèlerinage de N.-D. de Longpont.*

4 juin 1836, on ne voulut se servir que du bois pris dans le voisinage de Longpont. Les deux saintes images de Chartres et de Longpont étaient sœurs; elles avaient la même provenance druidique; elles ont eu le même sort : l'une n'a point échappé à la tourmente révolutionnaire, l'autre avait disparu depuis longtemps déjà.

Telle était, au treizième siècle, la réputation du pèlerinage de Notre-Dame de Bonne-Garde, qu'au dire d'un écrivain du temps, on y apportait de toutes parts et des contrées les plus lointaines des infirmes et des gens perclus, qui recouvraient la santé et l'usage de leurs membres devant Celle que l'Eglise appelle le *Salut des infirmes*.

Dès le douzième siècle, une confrérie nombreuse et brillante y était établie, comme l'atteste une charte de cette époque qui donne à ses membres le titre de Frères de Notre-Dame. Elle ne fit que croître et grandir dans le cours des siècles; et en 1665, l'évêque de Paris, Hardouin de Péréfixe, sollicita et obtint du pape Alexandre III une bulle d'indulgences qu'il fit proclamer à la métropole et dans toutes les églises du diocèse. Procurer la gloire de Dieu, sauver les âmes, soulager les pauvres, sanctifier par de bonnes œuvres tous les jours de sa vie, venir aussi fréquemment que possible prier dans le vénéré sanctuaire : tel était le but de la confrérie, et tels étaient les engagements pris par chacun de ses membres. Les indulgences du Souverain Pontife ne pouvaient être plus justement attachées qu'à de semblables pratiques ; Alexandre VII eut donc mille fois raison d'ouvrir en leur faveur tous les trésors de l'Eglise : indulgence plénière le jour de l'entrée dans la confrérie, à l'article de la mort, et aux principales fêtes de la sainte Vierge; indulgence de sept ans et de sept quarantaines pour l'assistance aux offices, la visite au sanctuaire et pour chaque bonne œuvre des associés : telles furent les faveurs extraordinaires dont le pèlerinage fut enrichi dès cette époque. Jusqu'aux mauvais jours de la Révolution, la confrérie fut en pleine voie de prospérité, et même à ce moment on voyait encore des confrères y venir pieusement payer leur petite cotisation annuelle.

En 1850, elle a été rétablie par les soins de M$^{gr}$ Mabile, évêque de Versailles, et sous le haut patronage de Pie IX, qui, dans son bref du 24 mars de la même année, a renouvelé toutes les indulgences d'Alexandre VII et en a même ajouté de nouvelles. Le registre de la confrérie s'est rapidement couvert des noms les plus honorables ; des cardinaux, des archevêques, des évêques, des prêtres en très-grand nombre, des congrégations religieuses en foule ont manifesté leur empressement à s'y faire inscrire pour avoir part aux grâces attachées à la pieuse association qui a été élevée récemment à la dignité d'*archiconfrérie*. Dès ce moment, une indulgence plénière fut accordée par le Souverain Pontife à tous ceux qui visiteraient, *quelque jour que ce fût*, le vénérable sanctuaire.

La Vierge du pèlerinage de Longpont est une ancienne statue de bois très-dur entièrement peinte et décorée d'ornements en or et en couleurs. Le visage de Marie et celui de l'enfant Jésus sont seuls apparents, tout le reste est enveloppé d'une robe précieuse de soie et d'or. L'enfant est posé sur le bras gauche de Marie; il tient en ses mains un cœur de vermeil. Le trésor possède encore une petite statue miraculeuse toute chargée des dons précieux des fidèles et qui a échappé, comme celle-ci, aux fureurs de la Révolution. C'est avec cette statue qu'on donne la bénédiction de Notre-Dame aux fidèles et les jours de pèlerinage.

Un des plus grands attraits du pèlerinage de Longpont, c'est le merveilleux trésor de saintes reliques que possède cette église, lesquelles, renfermées séparément ou réunies dans des châsses de toutes formes, la plupart en bronze doré, quelques-unes en argent ou en vermeil, d'autres en bois sculpté et doré, remplissent, dans un bâtiment moderne attenant à l'église, une grande pièce, située au-dessus de la sacristie, dite *salle du trésor*. Il est aujourd'hui certainement bien peu d'églises dans le monde qui possèdent de semblables richesses. Comment l'abbé Lebeuf a-t-il pu dire, dans son *Histoire du diocèse de Paris*, que l'église de Longpont n'était pas recommandée par ses reliques? Il ajoute qu'il n'y a rien autre chose à y signaler que les deux *phylactères de la sainte Vierge*. Ce sont sans doute les deux reliquaires qui contenaient, l'un un fragment de son voile, l'autre un morceau de la pierre où elle s'était assise, et encore la coupe de saint Macaire, *scyphus sancti Macarii*. Cette coupe est une sorte de vase en terre cuite qui fut à l'usage du bienheureux solitaire. Elle avait été apportée sans doute par quelque croisé de l'Egypte ou de la Palestine. On s'en servait dans les investitures des biens qu'on donnait au prieuré, en la plaçant sur l'autel avec l'acte de donation, comme le firent l'époux et le frère de dame Hersende, lors de la cession qu'ils firent au monastère des biens et des dîmes qu'ils avaient à Saint-Michel sur Orge.

Mais au temps où écrivait l'abbé Lebeuf, le trésor de Longpont, s'il était moins complet qu'il ne l'est aujourd'hui, possédait déjà un nombre prodigieux de saintes reliques dont on faisait l'ostension et qu'on portait en procession solennelle aux fêtes de la Pentecôte, comme l'indique un catalogue dressé en l'an 1600. Le dernier curé bénédictin de Longpont, qui en était titulaire, dans une note manuscrite qu'il a laissée, nous dit : « La plupart de ces reliques sont conservées ici depuis plus de trois cents ans et sont très-authentiques. Voyez les titres. » Les objets de prix furent, en 1792, enlevés et portés à Corbeil ou à Versailles. Dom Perret obtint qu'on lui laissât tout ce qui n'avait pas une valeur artistique ou métallique ; en présence des habitants de la commune, il mit à part les saintes reliques, les conserva pendant la Terreur et les mit dans de simples caisses en bois, où elles furent visitées et reconnues authentiques par l'autorité ecclésiastique, lors de l'ouverture des églises. Ce trésor s'est augmenté depuis, grâce à un concours d'heureuses circonstances qui ont procuré à Longpont d'inestimables richesses. La piété des fidèles s'est émue du dénuement auquel tant de saintes merveilles étaient condamnées ; et leur générosité, stimulée par les appels d'un zélé pasteur, a fait don à l'église de toutes les châsses qu'on y voit aujourd'hui.

Impossible de faire ici l'énumération des saintes reliques du trésor ; bornons-nous donc à en signaler quelques-unes. Ce sont d'abord trois reliquaires de la vraie croix. Le plus remarquable contient deux fragments du bois sacré, imprégnés du sang divin et de couleurs différentes, renfermés dans une croix de bronze et de vermeil dite de Turin, parce que cette précieuse relique est un don du chapitre métropolitain de cette ville. C'est ensuite une épine de la couronne du Sauveur, un morceau de la sainte robe d'Argenteuil, deux parcelles de l'éponge et du roseau, puis des fragments des langes de l'enfant Jésus. On a de la sainte Vierge : 1° un fragment notable de son voile en un tube de cristal en spirale ; 2° un cheveu de la divine Vierge dans un ostensoir en argent d'un fort beau travail : c'est un cheveu long et fin, d'une couleur blond cendré, autant que j'ai pu en juger ; 3° un petit morceau de la ceinture de Marie ; et 4° une pierre avec cette inscription : « De la pierre où s'assit la mère de Dieu. » On possède des parcelles des ossements de tous les saints apôtres et une notable partie de la ceinture de saint Pierre ; nombre de reliques des apôtres de la France, des papes, des confesseurs, des vierges, des martyrs les plus célèbres. Ce sont des chefs entiers, des doigts, des radius, des clavicules, etc. C'est ici une partie notable d'une côte de sainte Magdeleine, ailleurs une phalange du doigt de saint Bernard, là un fragment du chef de saint Éloi, un ossement insigne de saint Marcel, une vertèbre du martyr saint Victor, le corps entier de sainte Même, etc., etc. Il faut s'arrêter, car nous n'avons pas énuméré la centième partie de ces saintes dépouilles.

La fête des saintes reliques est célébrée avec une solennité extraordinaire, le lundi de la Pentecôte. Dès la veille, toutes les châsses sont descendues et placées dans l'église sur des trônes ou des brancards ornés de fleurs ; elles sont exposées et encensées le lundi soir. Le mardi, après la messe, a lieu la procession solennelle autour du village ; et c'est merveille de voir cette longue file de trésors sacrés se dérouler et suivre toutes les sinuosités des sentiers, au milieu des chants religieux et parmi les saintes bannières déployées.

Il nous reste à parler de l'église elle-même, que nous n'avons pas décrite et dont nous avons abandonné l'histoire depuis l'époque où elle fut construite par les soins de la pieuse Hodierne. Le portail est bien postérieur ; il ne fut terminé, ainsi que la tour, qu'au quinzième siècle, grâce aux libéralités de Charles VIII et d'Anne de Bretagne. Le monument est construit sur le plan de la plupart des églises du temps : une nef avec deux collatéraux, un transept, un chœur avec un déambulatoire et une abside. Aujourd'hui, l'église a été bien réduite par les injures des siècles et par les mutilations des hommes. Il n'y a plus de flèche, ni sur la tour du portail ni à l'intersection de la nef et du transept. La flèche médiane dut être abattue à peine construite, à cause du tassement de l'édifice bâti sur un sol argileux. Les pierres tombales ont disparu ; elles ont été enlevées sous la Révolution ; on ne voit plus rien au portail que des sculptures affreusement mutilées par les protestants qui s'emparèrent de Longpont et de Montlhéry en 1562. Plus de chœur, plus de transept, aujourd'hui : ils ont été abattus avec la flèche du portail en 1822 à l'occasion d'une prétendue restauration qui ne fut qu'une odieuse mutilation. La nef, les collatéraux et le portail, c'est tout ce qu'on a laissé subsister de ce remarquable monument, assez pour faire à jamais regretter ce qu'un vandalisme ignare s'est cru obligé de détruire à grands frais. L'argent qu'on a dépensé pour détruire, eût suffi à consolider l'ensemble.

Voyez-la pourtant, cette église, toute tronquée qu'elle est aujourd'hui : pour peu que vous ayez le goût des grandes choses du passé, vous ne pourrez vous empêcher d'en admirer les restes. Dans la façade, s'ouvre un beau portail ogival bordé d'un cordon sculpté figurant des ceps de vigne chargés de raisins et d'une double voussure avec des statuettes assez bien conservées. A gauche et à droite, se dressent, sous leurs dais soigneusement fouillés dans la pierre, les statues colossales de saint Denis, de saint Laurent et de deux apôtres. La Vierge est adossée au trumeau avec son divin Fils. Toutes ces statues ont été décapitées par les huguenots, la Vierge seule a été restaurée en 1858. Les scènes de l'histoire de Marie, sculptées au tympan, ont été pareillement mutilées. Les statues de Charles VIII et d'Anne de Bretagne, dont la façade était autrefois décorée, ont disparu, probablement pendant la Révolution. Une tour massive et carrée, soutenue par de puissants contreforts, percée à sa base d'une petite porte ogivale, s'élève à gauche du portail et porte sur les quatre faces, aux étages supérieurs, deux longues baies surmontées d'un quatre-feuilles, le tout inscrit dans une ogive.

L'intérieur garde encore un grand caractère. La nef comprend six travées, elle est séparée des collatéraux par de belles arcades romanes à double archivolte, surmontées d'un triforium au-dessus duquel s'élèvent de petites baies en plein cintre. La voûte à nervures repose sur des colonnes ou chapiteaux de feuillage. Les voûtes des bas-côtés sont en arêtes et sans nervures [1]. Nous sommes ici en

---

[1]. Voir *Les environs de Paris*, Joanne.

plein onzième siècle. Le sol de l'église, qui avait été exhaussé, a repris son niveau primitif, et les colonnes ne sont plus enfouies jusqu'au-dessus de leurs bases.

L'église a été classée, en 1852, parmi les monuments historiques. On s'attache depuis lors à en conserver les restes, et l'on a fort à faire. Les démolitions de 1822 ont ébranlé tout l'édifice ; les travées de la nef, à l'orient surtout, fléchissent et menacent ruine. Il faudrait une restauration intelligente et complète à ce beau monument. C'est le rêve que poursuit avec un zèle persévérant, depuis vingt-cinq années, le digne curé de Longpont, M. l'abbé Arthaud, qui a fondé dans ce but l'*OEuvre des pierres,* où chaque souscripteur s'engage à fournir au moins une pierre à l'église. Puissent ces nobles efforts être secondés par l'administration supérieure et nous rendre, dans un avenir prochain, le monument qu'avait élevé la piété de nos pères !

Nous disons adieu à ce sanctuaire béni, et nous reprenons le chemin de fer à la station de Saint-Michel pour achever notre pieuse excursion. trois kilomètres plus loin, à Brétigny, nous aurons à prendre la ligne qui se dirige du côté de Dourdan. Si nous suivions notre première direction, elle nous conduirait à Etampes, où nous aurions à visiter de très-curieuses et très-anciennes églises : celles de Saint-Basile, de Saint-Martin, de Notre-Dame surtout, dont la fondation remonte au roi Robert. Mais aucune d'elles n'est, à proprement parler, un but de pèlerinage. Nous nous bornerons à faire remarquer que, les mardis de Pâques et de la Pentecôte, on célèbre à Etampes la fête des corps saints, où les reliques des saints patrons sont portées par les rues de la ville dans une magnifique procession et au milieu d'un immense concours de fidèles.

Mais nous avons pris à Bretigny la ligne de Dourdan ; suivant toujours la vallée de l'Orge, nous arrivons à Arpajon et à Breuillet. A deux kilomètres de ce village, se trouve sur une éminence le hameau de Saint-Yon. C'est là que fut martyrisé ce disciple de Saint-Denis qui avait été chargé par lui d'évangéliser la contrée. Après avoir converti une grande partie de la vallée de l'Orge, saint Yon fut arrêté par ordre du préfet Julien, battu de verges et décapité à cet endroit qui s'appelait *Castres,* sans doute à cause de la station et du château-fort qu'y avaient les Romains. On y conserve encore quelques reliques du saint martyr, et l'on y vient toujours en pèlerinage. Mais cette dévotion n'est plus que l'ombre de ce qu'elle fut autrefois. Les populations avaient mis toute leur confiance dans le saint apôtre de la vallée, et elles en étaient récompensées par des grâces de protection signalées. Il se faisait tant de miracles, dans son sanctuaire au dire de Dubreul, que l'on y accourait de toutes parts ; et chaque année, le jour de la fête de saint Yon, le 5 août, il y avait au moins vingt-cinq paroisses qui s'y réunissaient.

En 1343, Foulques de Chanac, évêque de Paris, faisant la visite de son diocèse, apprit qu'on montrait à la fois le corps et la châsse de saint Yon au village de ce nom et à Corbeil. Il visita les deux églises, trouva dans celle de Saint-Yon une partie assez faible des saintes reliques, se fit montrer à Corbeil la châsse très-ancienne du saint, recouverte de plaques de cuivre, avec des figures, où l'on voyait d'un côté le bourreau tranchant la tête du martyr et cette inscription : *Beati Yonnii martyris*. Il ouvrit une petite porte de la châsse et en tira une grande quantité d'ossements entiers. Après examen de toutes les pièces conservées dans cette église, il décida qu'on y possédait réellement la partie la plus considérable du corps de saint Yon. Il fit mettre à part les fragments du chef du saint martyr et les enferma dans un buste d'argent.

Arpajon avait aussi des reliques de saint Yon et un chef d'argent qui contenait quelques parties des os du crâne. Deux fois l'an, le dimanche de la *Quasimodo* et le 5 août, les châsses étaient tirées de dessous l'autel, exposées et portées en procession dans les rues de la ville par des confrères vêtus d'aubes et couronnés de fleurs. La même église avait, en outre, un chef de saint Jean-Baptiste renfermé dans une tête en argent doré. Elle était attachée sur un bassin porté par deux anges. Plusieurs autres églises ont possédé pareillement le chef de saint Jean-Baptiste, ce qui s'explique à son égard de même que pour saint Yon. Partout où l'on avait un fragment du chef du bienheureux, on le faisait enfermer dans un buste d'or ou d'argent et on présentait aux fidèles la partie pour le tout ; c'était une façon de parler, personne ne s'y trompait, et les plaisanteries des incrédules sur la pluralité des têtes du même saint sont, comme on voit, bien insignifiantes.

A deux kilomètres et demi au sud de Saint-Yon, à Saint-Sulpice de Favières, perdue dans un vallon ignoré et presque sauvage, au milieu d'une pauvre commune composée de quelques chétives habitations, s'élève une splendide église de la fin du treizième siècle et du commencement du quatorzième, qu'on est tout surpris de rencontrer en pareil lieu. Quelques reliques d'un saint archevêque de Bourges, Sulpice, aumônier de Clotaire II, mort en 644, ont opéré ce prodige. La piété des habitants donna d'abord aux restes sacrés de l'archevêque une belle châsse en argent, et bientôt on voulut cette cette châsse eût un superbe monument pour abri : et l'église fut bâtie.

Les trois nefs sans transept s'élèvent fièrement à une grande hauteur. Le chœur à deux étages au milieu desquels s'ouvre un triforium à jour, les domine encore de beaucoup ; il est flanqué au nord d'une belle tour à double pignon ; tout l'édifice est appuyé au dehors sur des contreforts hardis, droits et pyramidaux qui donnent à l'ensemble un grand aspect d'élégance et de légèreté. Trois portes s'ouvrent dans la façade ; la scène du Jugement dernier, aujourd'hui mutilée, décore celle du centre. A l'intérieur, les fenêtres à meneaux étincellent de tout l'éclat de leurs verrières du quinzième siècle. Des stalles sculptées de la même époque, des dalles tumulaires en grand nombre, telles sont les richesses que le touriste chrétien pourra étudier dans l'église de ce pauvre village. Il y eut là autrefois un pèlerinage très-fréquenté, M. Aubin, le curé actuel, s'applique à le faire revivre, en même temps qu'il se propose de faire exécuter les restaurations dont l'édifice religieux a besoin.

Pour en finir avec ce pays si riche en souvenirs sacrés, on ira jusqu'à Dourdan. A Saint-Arnoult, village voisin de cette ville, on trouvera bon nombre de saintes reliques dont la fête solennelle est célébrée par une grande procession les mardis de Pâques et de la Pentecôte.

A Sainte-Julienne, on pourra vénérer le chef de cette illustre martyre qu'on invoque surtout dans les temps d'épidémie pour la cessation du fléau.

Enfin, à Sainte-Mème, également près de Dourdan, on se trouvera à l'endroit où la sainte de ce nom, condamnée à mort par son père encore païen, fut décapitée par son propre frère. Le sang de la martyre cria vengeance à la miséricorde de Dieu : ceux qui avaient été les instruments de sa mort ne tardèrent pas à se convertir; et son frère qui avait été son bourreau devint évêque d'Orléans. On voit encore la fontaine où sainte Même venait s'instruire des vérités de la foi. Son corps, au milieu des guerres qui désolèrent anciennement la contrée, dut être transporté au monastère de Longpont, où il est encore conservé presque tout entier.

Les pèlerinages de Paris à Versailles et au delà.

Les lignes de Paris à Versailles, rive gauche et rive droite, ne sont pas riches en pèlerinages. A part Saint-Cloud dont l'importance est, comme on l'a vu, très-considérable, on ne rencontre guère ailleurs que des souvenirs religieux qu'il suffit de noter au passage.

Après avoir quitté la gare Saint-Lazare, on traverse la route de la Révolte laissant à gauche la chapelle expiatoire de la famille d'Orléans élevée, en mémoire d'un événement bien douloureux, à la place même où, le 13 juillet 1842, se tua le prince royal en descendant de sa voiture. Seul, le pieux monument est resté debout, quand on a dû démolir, à l'approche de l'ennemi, toutes les constructions aux abords des fortifications.

On arrive un instant après à Clichy la Garenne, dont saint Vincent de Paul, en 1612, consentit à accepter la cure, sur les instances du cardinal de Bérulle. On y conserve une partie notable d'un ossement de l'illustre apôtre de la charité et divers objets auxquels son souvenir demeure attaché.

A Vaucresson, près de Saint-Cloud, l'église est placée sous le patronage de saint Leu et de saint Gilles. On y vient en pèlerinage et l'on y apporte surtout les petits enfants malades.

En sortant de Paris par la rive gauche, on arrive promptement à Issy. Là se trouve, sur l'emplacement du château de Marguerite de Valois et de la maison du cardinal de Fleury, la succursale du séminaire de Saint-Sulpice, particulièrement chère aux prêtres du clergé de Paris et qui leur rappelle à tous des souvenirs bien touchants et bien doux. C'est dans le jardin de cette maison que se tinrent, sous la présidence de Bossuet, les conférences relatives au quiétisme. Mais nous n'avons pas à nous occuper de ces grands débats qui appartiennent à l'histoire de l'Eglise de France, c'est à des émotions plus intimes que nous faisons allusion. C'est là que sous l'aile de Marie se sont formés à la science, à la vertu et à la piété envers la Reine des anges, tant de jeunes lévites qui sont devenus de saints prêtres, de dignes pasteurs ou d'éminents prélats. C'est à Marie qu'il est consacré tout entier, cet asile du recueillement et de la solitude. C'est Marie qui se présente à l'entrée avec cette inscription gravée sur son piédestal : « *Deus nos totos voluit habere per Mariam.* » C'est Marie qui se dresse au-dessus de l'autel, dans la grande chapelle destinée aux offices du séminaire ; c'est Marie qu'on retrouve dans le pieux sanctuaire de Notre-Dame de toutes grâces. De là en se dirigeant vers le grand parc, où l'on arrive par un passage souterrain percé sous une rue, c'est encore elle qu'on rencontre : c'est Notre-Dame du Carmel, l'antique statue des Carmélites de Saint-Denis, devant laquelle épancha tant de ferventes prières Madame Louise de France. C'est enfin dans l'intérieur du parc la petite chapelle de Notre-Dame de Lorette, la copie du sanctuaire de ce nom, dont le pèlerinage est si justement fameux, non-seulement dans toute l'Italie, mais dans le monde entier. Qui n'a désiré voir la *Santa Casa*, cette maison de la très-sainte Vierge et de l'enfant Jésus telle qu'elle existe toujours, dans la grande église de Lorette? Ceux qui n'ont pas eu la consolation de contempler de leurs yeux cette sainte demeure dans sa réalité, auront quelque consolation à en voir au moins l'image fidèlement reproduite à Issy. La Commune s'était acharnée avec une violence sauvage contre la petite chapelle du parc et l'avait laissée toute en ruines; mais de pieuses mains l'ont relevée, grâce à une souscription à laquelle ont pris part avec joie ceux des membres du clergé de Paris qui avaient passé dans l'ancien sanctuaire des heures si charmantes et si douces.

Au sortir de là, sitôt qu'on a dépassé Vanves et Meudon, alors que s'abaissent les parois de la haute tranchée du chemin de fer, on aperçoit à droite la chapelle de Notre-Dame des Flammes, monument expiatoire érigé en mémoire de la grande catastrophe qui eut lieu sur cette ligne, à cet endroit, le 8 mai 1842.

A Versailles, ville toute moderne et toute pleine des souvenirs du grand Roi, on ne trouvera aucun pèlerinage ayant quelque renom. Il suffit de rappeler que Notre-Dame fut la paroisse de Louis XIV, que plusieurs princes et princesses de la maison de France y ont été baptisés et y ont fait leur première communion.

On arrive bientôt à Saint-Cyr qui n'a, croyons-nous, ni reliques du jeune saint martyr dont cette ville porte le nom, ni pèlerinage en son honneur.

Si la curiosité nous guidait plus que la piété, nous aurions, de la station voisine, un pèlerinage à faire aux ruines de Port-Royal des Champs qui tint une place si importante dans l'histoire religieuse, philosophique et littéraire du dix-septième siècle; mais les illustres solitaires qui s'y établirent, les Racine, les Lemaistre de Sacy, les Nicole, les Arnauld, les Lancelot, les Pascal, pas plus que la mère Angélique Arnauld, pas plus que la duchesse de Liancourt et la duchesse de Longueville, ne furent ni des saints ni des saintes. Tous plus ou moins furent entichés des erreurs et des entêtements du jansénisme; et la citadelle de l'hérésie, quelque douloureuse qu'ait été sa destinée, ne saurait intéresser la piété catholique.

Nous laisserions également de côté la délicieuse vallée de Chevreuse qu'on ne saurait trop recommander aux touristes, si, sur la route qui y conduit, au sortir de la Verrière, nous ne trouvions à un kilomètre au sud du Mesnil-Saint-Denis les restes d'une abbaye fameuse avec une chapelle dédiée à Notre-Dame de la Roche, qui fut et qui est encore un véritable pèlerinage. L'abbaye avait été fondée en 1190 par le sire de Lévis qui, par ses exploits contre les Albigeois, mérita le titre de *maréchal de la Foi*. La chapelle date du commencement du treizième siècle. Elle est toute pleine de dalles funéraires des abbés, des chanoines et des bienfaiteurs de l'abbaye, et se recommande par ses sculptures et par ses boiseries à l'attention de l'archéologue chrétien. Elle s'appelait autrefois Notre-Dame de Rooscha; et ce ne fut que plus tard qu'elle prit le nom de Notre-Dame de la Roche, *de Rupe*, qu'elle donna à l'abbaye. On y voyait au-dessus de l'autel une très-belle statue de la très sainte Vierge avec l'enfant Jésus. Cette statue qui avait près de deux pieds et demi et qui était en ivoire, au dire des auteurs de la *Gallia Christiana*, et telle qu'il n'y en avait pas une semblable en France, était en grande vénération dans le pays et l'on venait y prier de tous les environs. On avait recours à Notre-Dame de la Roche, dans les nécessités publiques, les sécheresses et les autres fléaux. Le voyageur qui se mettra en route pour aller visiter le château de Dampierre et l'abbaye de Vaux-Cernay dans cette superbe vallée de Chevreuse, ne passera pas sans saluer cet antique et pieux sanctuaire.

## De Paris à Saint-Germain.

Le berceau de la patronne de Paris suffirait seule à illustrer cette ligne qui n'a pas plus de vingt kilomètres et qui, ouverte en 1835, a inauguré nos chemins de fer français. Nous en avons parlé précédemment, sacrifiant, pour ne pas commencer par la fin l'histoire de sainte Geneviève, l'ordre indiqué par les titres de nos volumes aux droits de la logique, plus importants que le reste : nous n'avons point à revenir sur le pèlerinage de Nanterre? La seconde station qui vient après est Chatou. Le pèlerin s'y arrêtera pour aller visiter, à un kilomètre et demi, l'église du village de Croissy dédiée à saint Léonard.

Croissy est situé sur les bords de la Seine à quinze kilomètres de Paris. Ce fut autrefois le lieu d'un pèlerinage célèbre en l'honneur du saint patron qui vécut, au commencement du sixième siècle, dans ces contrées. Saint Léonard fut le filleul du premier roi chrétien, Clovis, qui l'eût appelé sans doute à prendre part à sa gloire militaire et aux splendeurs de sa cour, si, de bonne heure, le jeune chrétien n'avait ouvert exclusivement son cœur aux attraits supérieurs du service de Dieu. Ce fut à Croissy, près des rives de la Seine, que saint Léonard se fit un ermitage et vécut en solitaire jusqu'au jour où il s'en alla évangéliser les pays du Limousin.

L'église primitive était placée sous le vocable de Saint-Martin. Celle d'aujourd'hui qui a des peintures singulières et qui date du treizième siècle, a pris pour patron le solitaire qui avait autrefois édifié la contrée par les grands exemples de la mortification chrétienne. Le pèlerinage ne tarda pas à s'y établir ; on le signale comme étant déjà florissant au temps de Philippe le Hardi. L'abbé Lebeuf pense que c'est à Croissy que saint Louis est venu acquitter le vœu dont il est fait mention dans ses actes. La statue de saint Louis qu'on voyait autrefois dans l'église en face de celle de saint Léonard rend cette opinion assez vraisemblable ; et ce qui l'appuie davantage encore, c'est la croyance universelle des habitants de Croissy qui s'entretiennent communément encore, comme de faits absolument certains, des visites de la reine Blanche et de celles de saint Louis à leur village.

Il n'est pas douteux que la reine Anne d'Autriche ne soit venue souvent faire ses dévotions à Croissy pour obtenir, par l'intercession de saint Léonard, ce fils qu'elle eut le bonheur de donner à la France et qui fut le grand Roi. Cette paroisse était alors considérée comme étant de fondation royale, les souverains s'y intéressaient et daignaient l'enrichir de leurs pieuses libéralités. Anne d'Autriche témoigna de sa reconnaissance envers saint Léonard en faisant consolider l'église qui menaçait ruine. Elle fit aussi plusieurs dons ; entre autres, elle offrit un tableau de Simon Vouet, qu'on peut y voir encore. C'est à Croissy, dont il était curé, que l'abbé Vertot a composé ses *Révolutions de Portugal* [1].

Le pèlerinage de Croissy a été florissant jusqu'en 1830. On y venait surtout pour obtenir la guérison des enfants muets ou des enfants en châtre, c'est-à-dire en langueur, et privés de la faculté de marcher. Il n'y vient plus que de rares pèlerins dans ce but. Ils y font une neuvaine qui se termine par une messe dite en l'honneur du saint et devant ses saintes reliques.

On conserve à Croissy un vieux reliquaire où saint Léonard est représenté avec la dalmatique des diacres, ayant à ses pieds des enfants qui lui font hommage de leurs chaînes, pour exprimer sans doute par un symbole la guérison dont ils ont été l'objet. Il y a aussi à la sacristie un tableau assez médiocre, ou plutôt une ébauche, du style et de l'époque du premier empire, avec cette inscription : « Miracle arrivé le jour du vendredi saint, par l'intercession de saint Léonard, en faveur d'Alexandrine Salendre, âgée de quatre ans, demeurant rue Dauphine, n° 7, à Versailles. »

Le vendredi saint était surtout le grand jour du pèlerinage. M. le curé de Croissy s'efforce de ranimer la dévotion de ses paroissiens envers leur saint

---

[1]. *Acta SS.*, tom. II, p. 610.

patron, et il prépare en ce moment une notice historique sur saint Léonard et sur son pèlerinage [2].

2. C'est à l'obligeance de M. le curé de Croissy que nous devons ces renseignements et nous sommes heureux de l'en remercier ici.

## De Paris à Mantes.

Conflans-Sainte-Honorine, qu'il ne faut pas confondre avec le village de Conflans qui est aux portes de Paris, est à vingt-deux kilomètres de la capitale, sur la ligne de Rouen, à quelque distance de la station qui porte ce nom.

Très-anciennement, les Romains avaient donné à ce lieu le nom de *Condate,* à cause du château-fort qui s'y trouvait. Conflans peut venir de là ; il est probable qu'il doit son origine au confluent voisin de la Seine et de l'Oise. Nos vieux chroniqueurs ont imaginé qu'il y eut là autrefois un roi sarrasin qui s'appelait Condat et que Clovis tua de sa main dans une bataille. En souvenir de cette victoire, le monarque franc aurait élevé en ces lieux un montjoie avec une tour dont on voit encore les ruines. C'est le sujet d'un long poëme écrit vers l'an 1400 par un religieux de Prémontré.

Quoi qu'il en soit des origines du village de Conflans, c'est à d'autres événements que se rapporte le surnom de Sainte-Honorine qu'on lui donne. C'était, au neuvième ou au dixième siècle, une place très-forte. L'évêque de Paris y possédait un grand domaine qui lui avait été concédé à la seule condition qu'il y entretiendrait des hommes d'armes chargés de veiller au passage des Normands et de les arrêter autant que possible. La citadelle était à l'abri d'un coup de main, et c'est à la réputation de force qu'elle avait qu'elle dut l'honneur de recevoir les cendres de sainte Honorine. La châsse de la sainte y fut apportée de Granville par la Seine, sous le règne de Charles le Simple. Les habitants de cette ville, où sainte Honorine avait été martyrisée, se dessaisirent des reliques de leur patronne afin de les mettre en lieu sûr à l'abri des profanations des Normands.

L'église dans laquelle on les déposa s'appelait Notre-Dame des Ardents, en souvenir d'un miracle de guérison obtenu par l'intercession de Marie. En mémoire de ce prodige un pèlerinage y avait déjà été établi. Ce n'était alors qu'une petite chapelle qui parut bientôt trop modeste pour le riche dépôt qu'elle avait reçu. Les seigneurs de Beaumont sur Oise, qui étaient en même temps seigneurs de Conflans, firent bâtir une nouvelle église et firent venir des moines de l'abbaye du Bec. Saint Anselme, depuis archevêque de Cantorbéry, était alors abbé du Bec. Il vint installer ses religieux à Conflans et présider à la translation solennelle qui fut faite des reliques de sainte Honorine, de l'ancienne chapelle dans l'église nouvelle, ainsi qu'elle est encore appelée dans un acte de l'an 1100.

On sait, d'ailleurs, l'époque précise à laquelle eut lieu cette translation. Ce fut le 21 juin de l'an 1082, comme l'indique la *Chronique du Bec*. Le seigneur Yves de Beaumont et son épouse Alix étaient gens d'une grande piété. L'abbaye qu'ils avaient fondée, enrichie par leurs libéralités, devint bientôt très-florissante. Ils obtinrent de Geoffroy, évêque de Paris, qu'on fêtât tous les ans l'anniversaire de la translation des saintes reliques, et cette solennité attira un grand nombre de pèlerins à Conflans. La haute réputation des religieux du Bec favorisa le développement du pèlerinage qui ne tarda pas à devenir célèbre. Un ancien manuscrit de l'abbaye de Saint-Germain des Prés relate les miracles nombreux qui y furent opérés et les noms des principaux personnages qui y vinrent à différentes époques. On y lit entre autres le nom de Bernard qui, après avoir été moine à Conflans, était devenu prieur du Mont-Saint-Michel.

Sainte Honorine, comme le remarque l'abbé Chastelain dans son martyrologe, était surtout invoquée pour obtenir la délivrance des captifs. Un des plus illustres prisonniers qui ait dû la liberté à son intercession fut Enguerrand de Boves ou de la Beuve : il vivait à la fin du onzième siècle et fut le père de Thomas de Marle. Ce fait se trouve consigné dans un manuscrit donné par Flouet et il est rapporté par Henschenius.

La dévotion envers la sainte ne faiblit pas dans la suite des siècles. Sous François I$^{er}$, elle était si grande que le curé et les habitants demandèrent et obtinrent en 1538 qu'il y aurait chaque année à Conflans une fête chômée, l'avant-dernier jour de février, en l'honneur des saintes reliques qui étaient la gloire du prieuré. La châsse était exposée ce jour-là derrière l'autel et portée en procession. En 1619, un vicaire-général de Paris, Sylvius de Pierre-Vive, ayant été nommé prieur de Conflans, par suite de la résignation du cardinal de Gondy, vint en pèlerinage au tombeau de sainte Honorine et voulut que la châsse qui contenait ses reliques et qui était toute recouverte de lames de cuivre et d'argent, fut ouverte devant lui. Il y trouva d'abord un ossement enveloppé dans un suaire de soie rouge avec cette inscription : « *De ossibus sancti Leonini,* » ensuite, dans un autre suaire de soie verte, les débris carbonisés du corps de sainte Honorine et une assez grande quantité de cendres noires. C'étaient les restes sacrés de la sainte qui subit au milieu des flammes son glorieux martyre. Ces reliques étaient très-recherchées. L'année suivante, le prieur de Granville en demanda une partie. Henri de Gondy fit droit à sa requête qui était bien légitime, puisque c'était de Granville que le précieux trésor était venu à Conflans.

Dans l'église, on voyait autrefois des pièces de bois chargées de chaînes. C'étaient les *ex-voto* des nombreux captifs qui avaient dû leur délivrance à sainte Honorine.

Cette église n'existe plus, lisons-nous dans le *Dictionnaire des pèlerinages* de Migne. Il faut distinguer. Il est certain que l'édifice actuel appartient, en grande partie, à des époques plus récentes que le onzième siècle ; il a dû être reconstruit à diverses reprises. Cependant son clocher roman ne peut être postérieur au douzième siècle. Le portail est du seizième ; mais la nef et les bas-côtés sont du style ogival avec des voûtes qui ont été refaites en berceau. L'église est aujourd'hui dédiée à saint Maclou.

Il paraît que, sous la Révolution, la châsse fut emportée en Bretagne et déposée à St-Maclou, pour être mise à l'abri des atteintes des révolutionnaires. L'église de Saint-Maclou se sera fait payer, sans doute, ses droits d'hospitalité en gardant une partie des reliques de la sainte. Elles sont aujourd'hui dans ce pays l'objet d'un pèlerinage et d'une procession très-solennelle qui a lieu le 27 février. Mais Conflans a recouvré quelque chose du trésor qu'on y a gardé si longtemps intégralement. Le pèlerinage vit encore ; et la procession a lieu le 27 février et le jour de l'Ascension, au milieu d'un concours toujours très-considérable. Cette coutume remonte à une haute antiquité ; autrefois le prieur de Conflans, qui faisait la procession, assisté par le curé d'Herblay et par celui d'Eragny, était, pour quarante-huit heures, au temps de la fête, reconnu comme seigneur et maître absolu de tout le pays aux environs.

Un peu au-delà de Conflans, sur la rive gauche de la Seine, voici la ville de Poissy. Il faut en visiter la très-curieuse église aujourd'hui restaurée par les soins de M. Viollet-Leduc. C'est un beau monument du onzième siècle avec des adjonctions plus récentes du quatorzième et du quinzième dans les chapelles de la nef. Mais l'archéologie n'est pas ici le grand intérêt du voyageur chrétien. Un souvenir auguste s'attache à ces murs. C'est celui du baptême de saint Louis ; la curiosité religieuse de cette église, ce sont les fonts baptismaux qui l'ont enfanté à la grâce et lui ont donné cette seconde naissance dont il était plus fier que de la première, quand il se plaisait plus tard à s'appeler et à signer *Louis de Poissy*. Il n'est pas absolument certain que saint Louis soit né au château de Poissy. L'assertion du P. de Giry qui marque le grand autel de l'église abbatiale comme le point précis où se trouvait la chambre dans laquelle serait né saint Louis, ne présente surtout aucun caractère de certitude historique. Mais il n'est pas douteux qu'il ait été baptisé dans l'église de Notre-Dame de Poissy. Le fait est rappelé sur un vitrail de la chapelle latérale où ces fonts baptismaux, objet d'une grande vénération, ont été conservés :

> Saint Loys fut enfant né de Poissy,
> Et baptisé dans la présente église.
> Les fonts en sont gardés encore icy
> Et conservés comme relique exquise.

On venait de toutes parts les visiter et les fidèles ne se faisaient pas faute d'en gratter la pierre pour en détacher quelques parcelles. On assurait que cette poussière sacrée avait une vertu souveraine et guérissait infailliblement de la fièvre. Il fallut bientôt soustraire ce précieux monument à l'indiscrète piété des pèlerins. Un curé de Poissy s'avisa de suspendre à la voûte la piscine sacrée; mais les chaînes qui la soutenaient s'étant rompues, elle fut brisée sur le sol. On n'en put recueillir que les débris, qui ont été depuis posés sur un piédestal en maçonnerie et rétablis dans la même chapelle, où l'on peut les voir encore.

A trois lieues environ, au-delà de Poissy, se trouve la petite ville de Meulan qui, des nombreux édifices religieux qu'elle possédait avant la Révolution, n'a plus que la seule église de Saint-Nicolas, encore enrichie de plusieurs saintes reliques très-précieuses. On y vénère surtout celles de saint Nicaise, premier évêque de Rouen. La procession des reliques se fait à Meulan, le jour de l'Ascension, avec une grande solennité et au milieu d'un immense concours de peuple.

Enfin, on arrive à Mantes,—Mantes la jolie, comme on l'appelle, sans trop de flatterie, grâce au site délicieux qu'elle occupe sur la rive gauche de la Seine, à ses habitations coquettes et surtout à sa belle église de Notre-Dame qui a été bâtie d'un seul jet à la fin du douzième siècle et qui présente une grande analogie avec Notre-Dame de Paris. C'est un des monuments les plus remarquables de la piété des peuples envers Marie. Ce qui frappe extérieurement.

au premier abord, ce sont les deux tours qui se dressent majestueusement à la façade occidentale de l'église, c'est ensuite au-dessous un magnifique portail qui, malgré les mutilations qu'il a subies sous la Révolution, demeure encore comme un des plus beaux spécimen de l'art gothique. La porte centrale est du treizième siècle ; elle était partagée en deux autrefois par un trumeau auquel était adossée une grande statue de la sainte Vierge avec l'enfant Jésus ; huit autres statues de rois et de prophètes faisaient cortége à la Reine des cieux. Toutes ces sculptures, avec les innombrables statuettes qui les entourent, ont été brisées ou décapitées à la porte centrale, comme à celles du nord et du sud Une rose largement ouverte et couronnée par une fine galerie surmonte ce triple portail ; un cordon fantastique d'énormes gargouilles fait le tour du monument qui se développe avec ses bas-côtés, ses contreforts, ses arcs-boutants, ses pinacles et ses clochetons, dans toute la splendeur du gothique de la grande époque.

En dépit de beaucoup de restaurations déjà accomplies, l'église en plusieurs de ses parties est encore très-délabrée ; mais les travaux se poursuivent, et prochainement on peut espérer qu'elle reparaîtra dans sa gloire primitive.

A l'intérieur, l'élévation des voûtes qui est de 35 mètres, la disposition des travées formées d'une triple voûte en berceau qui reposent sur trois rangées de colonnettes, le cordon des larges galeries à balustrades ouvragées qui règnent au premier étage tout autour de la nef et du chœur, présentent un coup d'œil dont la magnificence répond à celle de l'extérieur. Contre le bas-côté sud du chœur, on remarque surtout la chapelle du Rosaire, ajoutée vers le milieu du quatorzième siècle par la mère et la sœur de Charles le Mauvais, et dont la voûte vient s'appuyer sur un pilier central. C'est, au dire de M. Viollet-Leduc, un des meilleurs exemples de l'architecture de cette époque qu'il y ait dans l'Ile de France. La chapelle de la sainte Vierge au chevet avec ses vitraux, œuvre de M. Lusson, la chapelle de Notre-Dame des Sept-Douleurs avec le beau groupe de la Vierge tenant sur ses genoux son divin Fils descendu de la croix, la couronne des chapelles rayonnantes du quatorzième siècle qui se dessinent autour du chœur, les boiseries, les orgues, la chaire en bois sculpté, tout concourt à former un ensemble des plus merveilleux.

Elle a eu, dans le passé, ses illustrations et ses gloires, cette belle église de Notre-Dame. Un frère de Louis VII en fut abbé, et Philippe-Auguste lui-même se fit honneur de porter ce titre et voulut que ses entrailles et son cœur reposassent à l'ombre de la sainte demeure. Il y a quelques années, dans les réparations de l'église, deux boîtes de plomb ont été trouvées par des ouvriers dans un petit caveau. On suppose qu'elles renferment ces restes mortels du glorieux souverain, dont le corps lui-même, suivant une tradition qui n'est pas certaine, aurait été enterré dans le chœur de Notre-Dame de Mantes.

Comme pèlerinage, l'église n'a pas autant de célébrité peut-être. Cependant d'illustres personnages y sont venus prier. Elle a vu des rois et des reines, agenouillés sur les dalles, implorer la protection de l'auguste Vierge pour leur personne et leur royaume. Marguerite, épouse de saint Louis, et Blanche de Castille, sa mère, y venaient souvent. Blanche de Navarre et Jeanne de Castille ont eu aussi une prédilection particulière pour ce sanctuaire de Marie; elles y avaient une chapelle dans laquelles elles aimaient à se recueillir et à faire monter vers les cieux leurs ferventes prières.

En 1584, à la suite d'une épidémie qui avait fait à Paris et dans les environs de nombreuses victimes, les habitants de Pontoise qui avaient vu les pèlerins accourir en foule dans leur église de Notre-Dame depuis longtemps fameuse, entraînés par ces exemples, firent eux-mêmes avec une grande solennité un pèlerinage à Notre-Dame de Mantes. Six à sept mille personnes vêtues de blanc, tenant la croix d'une main, un cierge de l'autre, partirent à pied avant l'aube pour Mantes. Le pieux cortége avec ses chœurs de musiciens, ses groupes de femmes et de jeunes filles, ses jeunes gens, ses corporations, ses communautés religieuses et son clergé, marcha tout le jour, chantant des hymnes, des cantiques et des litanies, arriva sur le soir au but de son voyage, assista le lendemain à la sainte messe et au sermon dans l'église de Mantes et reprit dans le même ordre la route de Pontoise, à la grande édification de tous ceux qui prirent part au pèlerinage ou qui en furent témoins [1].

1. Noël Taillepied, *Recherches sur les antiquités de Rouen et de Pontoise*, etc.

## Le pèlerinage de Saint-Spire à Corbeil.

(LIGNE DE PARIS A MONTARGIS.)

En partant de la gare de Lyon, on arrive, après avoir passé par Creteil, Villeneuve Saint-Georges etc., en une heure dix minutes, à la station de Corbeil, ville ancienne, située à l'embouchure de l'Essonne dans la Seine et partagée par le fleuve en deux quartiers.

C'est à un saint étranger au pays que Corbeil doit sa principale illustration religieuse. Au temps des invasions normandes, l'église cathédrale de Bayeux ne trouvant pas que les reliques de son premier évêque, saint Exupère ou saint Spire, fussent en sûreté chez elle, les fit transporter avec celles de saint Regnobert, son disciple, et quelques autres encore, en particulier celles de saint Lupon ou de saint Loup, aussi évêque de Bayeux, dans un château du Gâtinais nommé Palluau. Elles y restèrent quatre-vingts ans jusqu'au temps où Haymon, comte de Corbeil, et Elisabeth, son épouse, voulurent donner à ces restes précieux une demeure plus digne de les conserver et les firent apporter en grande pompe dans leur ville de Corbeil. Une église s'éleva en leur honneur et les saintes reliques furent l'objet d'une grande dévotion.

Un abbé et douze chanoines furent attachés à l'église de Saint-Spire pour la célébration des saints offices. Le comte fut enseveli dans l'église qui subsista jusqu'en 1138. A cette époque elle fut incendiée puis rebâtie six ans après. C'est de ce temps que paraît dater la statue tombale du comte Haymon qu'on voit encore dans une des chapelles latérales de droite. On peut lire gravée sur la muraille du côté gauche, immédiatement après la première travée que forme le clocher, l'histoire de l'église avec les noms des abbés et des bienfaiteurs de Saint-Spire. Les comtes de Corbeil la comblèrent de leurs libéralités jusqu'au jour où, par suite de la félonie d'Odon, la ville fut réunie par Louis le Gros à la couronne de France. Ce fut alors le tour des rois très-chrétiens de faire preuve de générosité envers elle. Ils n'y faillirent point et accordèrent de grands priviléges à son chapitre, lesquels furent confirmés et amplifiés au spirituel par les évêques de Paris et par les souverains pontifes.

Saint Louis passa quelque temps à Corbeil en 1262 et y reçut dans son château la visite de Jacques I$^{er}$, roi d'Aragon. On ne doute pas que le saint monarque ne se soit montré empressé à vénérer les reliques des saints patrons de Corbeil.

Au commencement du dix-septième siècle, le chapitre de l'église collégiale de Notre-Dame de Corbeil fut annexé à celui de Saint-Spire, et Notre-Dame devint église paroissiale par lettres patentes du roi

Henri IV à qui la ville avait ouvert ses portes, le 19 avril 1590.

Les miracles opérés devant la châsse de saint Spire et par son intercession sont très-nombreux. Bocquet, un des chanoines de son église, qui a écrit sa vie, en rapporte au moins trente des plus signalés. Ce sont des aveugles qui ont recouvré la vue, des estropiés, des paralytiques et d'autres malades guéris, des sourds et muets auxquels l'usage de la parole et de l'ouïe a été rendu, des épileptiques qui ont été délivrés de leur mal, des morts même qui sont ressuscités. Le pèlerinage acquit ainsi une très-grande célébrité : on y venait en foule, surtout le cinquième dimanche après Pâques, de Paris et de plusieurs autres lieux, pour assister à la procession solennelle dans laquelle étaient portées les saintes reliques. Il y avait alors, au dire de Dubreul, une telle affluence que la ville ne pouvait la contenir et qu'on y vit jusqu'à cent mille personnes.

La veille au soir, les châsses étaient descendues pour dix jours ; à dix heures, on disait les matines devant elles ; il y avait une messe à minuit ; au jour, on faisait la procession à neuf heures du matin et les châsses étaient portées par des hommes sages et vertueux de la confrérie des Porteurs auxquels le pape Grégoire XIII accorda de riches indulgences.

Il y eut aussi plusieurs translations des saintes reliques qui se firent très-solennellement le même jour, spécialement aux années 1317, 1454 et 1619, quand on voulut leur donner de nouvelles châsses plus belles et plus magnifiques que les anciennes.

Jusqu'en l'année 1791, Corbeil posséda les corps entiers de saint Spire et de saint Loup. L'église avait alors grand nombre d'œuvres curieuses en orfèvrerie, en sculpture et en peinture. Les châsses de vermeil, en particulier, étaient d'une grande magnificence et d'une grande beauté. Il fallut alors que la municipalité livrât ces trésors à la Convention, qui les envoya à la Monnaie.

En 1793, l'œuvre sacrilége fut reprise et consommée avec une odieuse barbarie. Les corps des saints qui avaient été, pendant de longs siècles, les bienfaiteurs de la contrée, furent livrés aux flammes sur la place publique de la ville. Deux insignes reliques de saint Spire ont échappé cependant à cette destruction impie, la mâchoire inférieure et un os de l'avant-bras. Cette dernière a été donnée, à bien juste titre, par la paroisse de Corbeil, à l'église de Bayeux qui jusque-là avait inutilement réclamé une partie du corps sacré dont l'église de Saint-Spire lui était redevable.

Quant aux reliques de saint Loup, ou saint Leu, comme on l'appelle encore, il paraît que le feu a tout détruit; il n'en est fait aucune mention dans les procès-verbaux de l'année 1802.

Malgré cela, les habitants de Corbeil n'en célèbrent pas moins chaque année la fête de leur saint patron, comme autrefois, le cinquième dimanche après Pâques. Leur église, d'ailleurs, outre l'insigne relique de saint Spire, en possède plusieurs autres encore, et il y a dans le chœur cinq châsses dorées qui contiennent des restes sacrés de différents saints. Cette fête est toujours en très-grand renom; la procession qui s'y fait est des plus solennelles, et elle attire tous les ans à Corbeil un immense concours de peuple et de pèlerins.

L'église de Saint-Spire est située dans le quartier de la rive gauche de la Seine. On y arrive par une magnifique porte détachée dont la grande ogive se découpe largement dans la muraille; elle est couronnée à gauche et à droite de deux toits pointus et de tourelles en encorbellement. C'est un édifice du treizième siècle à trois nefs, avec un chœur à pans coupés, sans chapelles et sans bas-côtés. Une tour carrée, éclairée par des ouvertures en ogive, à pointes de diamants, se dresse au centre de la façade occidentale et donne accès à l'intérieur du monument par une porte à large tympan dépourvu de sculptures. Les chapelles latérales sont les unes du quatorzième, les autres du seizième siècle.

L'église paraît extérieurement très-délabrée, elle a grand besoin d'une restauration intelligente. Celle qu'on a faite à l'intérieur est d'un goût médiocre et laisse beaucoup à désirer.

Le chemin de fer de Paris à Creil et le pèlerinage de Notre-Dame de Pontoise.

En partant de Paris à la gare du Nord, pour aller à Creil, on suit une route toute pleine des grands souvenirs religieux qui s'attachent aux lieux qu'elle traverse.

Au sortir des fortifications, on entre dans la plaine de Saint-Denis, où se tint au moyen-âge, depuis Charles le Chauve qui l'institua, jusqu'en l'année 1552, la fameuse foire du landit, et l'on arrive à Saint-Ouen, où mourut, vers la fin du septième siècle, le grand archevêque de Rouen qui porta ce nom et qui fut toute sa vie le conseiller des rois, le bienfaiteur des peuples et l'ami de cœur de saint Eloi, évêque de Noyon.

Là se trouvait alors, du côté de Clichy, au pied de Montmartre et sur une petite éminence, l'ancien palais des rois qu'on appelait *Clippiacum*. L'archevêque de Rouen, âgé de quatre-vingt-dix ans, au retour d'une mission qu'il avait remplie à Cologne, y vint pour rendre compte au roi Thierry du succès de ses démarches. Il y tomba malade, et connut bientôt que la volonté du Seigneur était de l'appeler à lui.

Le corps du saint prélat appartenait à sa ville épiscopale, et l'on ne pouvait songer à le garder aux lieux illustrés par son trépas. Il fut donc, en grande pompe, transporté à Rouen. Le roi, la reine, le maire du palais et toute la cour l'accompagnèrent jusqu'à Pontoise et le déposèrent pour quelque temps dans une chapelle qui est devenue depuis une paroisse de son nom. C'est là que vinrent le prendre les députés, évêques, prêtres, religieux et notables de la ville de Rouen.

Paris devait revoir quelque jour, au temps des Normands, les restes sacrés du pontife, sans pouvoir les garder toutefois ; car Rollon, s'étant converti et ayant été fait duc de Neustrie, réclama le précieux trésor avec tant d'instances, au nom de la ville de Rouen, qu'il fallut le lui accorder.

Mais Clichy conserva pieusement sa mémoire et son culte. Le château ayant été démoli et la terre ayant été concédée en 730 par Charles-Martel à l'abbaye de Saint-Denis, les religieux donnèrent le nom de Saint-Ouen aux ruines de la maison royale, et bientôt y construisirent une chapelle, *Cella sancti Audoëni*. Autour d'elle se groupèrent des maisons de laboureurs et de pêcheurs, qui y formèrent plus tard une paroisse. On voit dans une charte du temps qu'en 832 Hilduin céda de nouveau aux religieux de Saint-Denis le lieu dit de la chapelle Saint-Ouen *suprà Sequanam*, dont il était devenu propriétaire. L'an 1004, avec l'autorisation du roi Robert, le comte Burchard et son fils Reinold, évêque de Paris, donnaient ce domaine aux religieux de Saint-Martin de Tours, d'où il passa plus tard aux chanoines de Saint-Benoît de Paris.

Les reliques de saint Ouen ne purent trouver grâce aux yeux des calvinistes qui, s'étant rendus maîtres de la ville de Rouen et de l'abbaye, en 1652, pillèrent la châsse et brûlèrent les ossements qu'elle contenait ; quelques parties seulement furent sauvées des flammes. On gardait, en outre, à l'église de Saint-Ouen, un des doigts du saint archevêque. Cette relique y était l'objet d'une grande vénération et d'un pèlerinage très-suivi. On y venait surtout pour obtenir la guérison de la surdité. On faisait toucher le doigt de saint Ouen à l'oreille des malades, et un très-grand nombre se trouvaient guéris. A Pâques et à la Pentecôte, les religieux ne manquaient jamais d'y venir en procession.

Voici maintenant, à trois kilomètres de Saint-Ouen, la ville de Saint-Denis, le lieu de la sépulture du premier apôtre de Paris, avec sa grande église canoniale, ses tombes royales et ses mille souvenirs religieux et nationaux, dont nous n'avons plus à parler présentement.

Plus loin, de la station d'Enghien, on peut en quelques minutes, en quittant la ligne principale pour prendre un autre embranchement, arriver à Montmorency, qui a donné son nom aux *premiers barons chrétiens :* c'est le titre que prennent les membres de la famille des Montmorency. Rien de plus gracieux, de plus pittoresque que cette petite ville qui, du haut de sa colline boisée, domine la vallée qui la sépare des hauteurs de Cormeille et de Sannois, et embrasse un vaste horizon. Les souvenirs historiques s'y présenteraient en foule, et les curieux pourraient y chercher ceux de Jean-Jacques à l'*Ermitage* et à la *Chateigneraie*. Mais si nous nous amusions à les suivre, nous serions un peu trop éloignés de nos pèlerinages religieux. Contentons-nous de visiter l'église de Montmorency. Elle est bâtie au midi de la ville, au bord d'un escarpement qui en rend l'accès assez difficile, mais qui donne du charme à la situation. Elle date du seizième siècle seulement, et fut terminée en 1563. L'ancienne église avait été en partie détruite et profanée au temps de la Ligue ; elle tombait en ruines, lorsque Guillaume de Montmorency entreprit de la rebâtir telle qu'elle est aujourd'hui, comme l'indique un ancien tableau où il était représenté avec cette inscription :

> Le baron de Montmorency
> Nommé Guillaume, pris ainsi
> Qu'est cy pourtraict, l'an mille en date
> Cinq cent vingt et cinq pour bon acte
> Rediffya ce temple.

Le noble baron eut avec son épouse son mausolée à l'entrée de l'église, qui était, avant la Révolution, toute pleine des tombeaux de ses seigneurs.

C'est un beau vaisseau, avec des voûtes à nervures compliquées, des fenêtres ogivales de la dernière époque du gothique, et des arcades à plein cintre entre les piliers. Au temps de l'abbé Lebeuf, le sanctuaire était décoré d'un superbe baldaquin à quatre colonnes de bronze doré, avec un retable au sommet duquel le Saint-Sacrement était conservé dans une suspense, comme dans les vieilles cathédrales. La nouvelle église était comme l'ancienne une collégiale de Saint-Martin de Tours, dont elle possédait une précieuse relique, une partie du bras du saint évêque. A différentes reprises, les chanoines de Tours ont voulu rentrer en possession de ce trésor : leurs efforts sont restés sans succès, et la sainte relique est conservée toujours dans une chapelle au fond de l'église, à droite.

Mais le plus riche trésor de Montmorency, c'était, dans une châsse placée derrière le maître-autel, le corps de saint Félix, lequel avait été, au dire de Duchêne, apporté d'Espagne par le comte Bouchard de Montmorency, à la suite de l'expédition qu'il aurait faite avec Charlemagne dans ce pays. Il semble toutefois que la légende des compagnons de Charlemagne n'offre pas de grands caractères de vérité historique. Si elle est fausse, la relique de Montmorency ne serait pas, comme on l'a supposé, le corps de saint Félix, évêque de Girone, mais plutôt celui de saint Félix martyrisé près de Saint-Maur les Fossés. Les seigneurs de Montmorency l'avaient obtenu des évêques de Paris. C'est du moins l'opinion de Lebeuf.

Quoi qu'il en soit, la fête du saint évêque de Girone était fixée au 1er août; c'est le jour où elle était célébrée avec une grande solennité à Montmorency, et elle y attirait tous les ans un grand concours de pèlerins. Les habitants de Saint-Félix, entre Creil et Beauvais, ne manquaient pas d'y venir pour assister à la procession, dans laquelle ils avaient le droit de porter la châsse de leur saint patron. Cette châsse fut ouverte à la prière de Madame Henriette de France, qui obtint un doigt du saint.

Au village de Deuil, voisin de Montmorency, un saint Eugène aurait été martyrisé et noyé, au rapport de la légende, dans le petit lac du Marchais, qui sert aujourd'hui de lavoir public.

Voici encore, à quelques kilomètres de là, sur une petite colline dominée par le plateau boisé de Montmorency, le village de Saint-Prix, qui s'appelait autrefois *Tour* ou *Turnum*, et qui a pris vers le douzième siècle le nom de son saint patron. Saint Prix avait été, vers la fin du septième siècle, évêque de Clermont. Historien et poëte à la fois, il avait enseigné les sciences en Auvergne en même temps que la doctrine sacrée, et avait terminé sa carrière par un glorieux martyre. L'abbaye de Pontoise ayant été dotée d'un beau domaine au village de Tour par les seigneurs de Montmorency, les religieux y apportèrent des reliques du saint évêque. Ce fut bientôt un des pèlerinages les plus fameux de la contrée. On y venait le 12 juillet, jour de la fête patronale, et le dimanche suivant, de Paris et autres lieux, en telle affluence, au dire de Dubreul, que toute la journée il était en quelque sorte impossible de pénétrer dans l'église. « Et le long de l'année, ce ne sont que pèlerinages pour les personnes impotentes de bras et de jambes, dont plusieurs, selon leur foy, ont ressenti de grands soulagements. Beaucoup de miracles s'y sont faits qui rendent la dévotion plus ardente. L'autel est entouré de potences, mains, jambes et pieds en cire [1]. »

L'église de Saint-Prix est de la fin du onzième siècle, au moins dans sa partie centrale formée de quatre gros piliers qui portent le clocher. Dans le collatéral du midi, se trouve l'ancienne chapelle de saint Prix où venaient prier les pèlerins, où se réunissaient les membres de deux confréries qui existaient à Paris en l'honneur de saint Prix, l'une dans l'église de Saint-Sauveur près de la porte Saint-Denis, l'autre en l'église Saint-Etienne des Grès. Le pèlerinage est encore suivi par un assez grand nombre de fidèles ; toutefois la dévotion a singulièrement baissé et les miracles qui étaient fréquents encore au temps où le P. de Giry écrivait sa *Vie des saints*, sont devenus très-rares de nos jours.

A Saint-Prix, nous nous retrouvons sur le chemin de fer qui va nous conduire à Pontoise. C'est une très-ancienne ville, qui était déjà connue au temps de

---

1. Dubreul, *Théâtre des antiquités de Paris*, supplément.

la domination romaine sous le nom de *Briva Isaræ*, Pont de l'Oise; c'était autrefois la capitale du Vexin français. Jusqu'à la Révolution, ce fut une ville toute monastique et religieuse ; on n'y comptait pas moins de cinq grandes églises paroissiales et de sept monastères. Aujourd'hui elle est encore fameuse par son pèlerinage à Notre-Dame qui remonte à une haute antiquité et dont l'histoire est pleine d'intérêt.

Ce fut vers le douzième siècle, au moment où la France était déchirée par des guerres sanglantes, qu'un jeune homme [1], suivant le manuscrit de Duval *(Histoire de N.-D. de Pontoise)*, eut l'inspiration de faire, pour ranimer dans sa ville la dévotion envers la mère de Dieu, une statue de Marie qu'il voulait offrir à la vénération publique de ses concitoyens. Il se retira pour exécuter son travail dans la carrière de Blangis, près d'Abbeville, et fut contraint par des circonstances malheureuses de laisser son œuvre inachevée. Cependant, toute imparfaite qu'elle fût, c'était bien la statue de la mère de Dieu avec son divin Fils dans ses bras et l'antique serpent à ses pieds. On la transporta à Pontoise, et elle fut primitivement placée dans une petite chapelle bâtie rue de Mondétour, dépendant des religieux de l'abbaye de

---

[1]. M. Hamon (*Notre-Dame de France*, tom. I<sup>er</sup>) a donné cette histoire d'une façon très-complète; nous ne pouvons suivre un guide plus sûr, ses documents ayant été puisés aux meilleures sources.

Saint-Martin. En l'année 1226, Thibault, archevêque de Rouen, vint lui-même à Pontoise pour y dédier, avec l'autorisation de Roger, prêtre paroissien, le nouveau sanctuaire à la sainte Trinité sous l'invocation de Marie.

Dès ce moment, de nombreux fidèles y vinrent en pèlerinage; et parmi les pieux visiteurs de la petite chapelle, il y en eut un illustre entre tous qu'on y vit prier souvent. Ce fut saint Louis qui habita fréquemment Pontoise dans les premières années qui suivirent son mariage, y tomba malade à la fin de l'année 1245 et y fit le vœu de prendre la croix, s'il recouvrait la santé.

Mais on voulait donner à Marie une grande et belle église; c'était d'ailleurs le beau temps de l'architecture religieuse, et les ressources ne faisaient jamais défaut quand il s'agissait d'élever un temple à la sainte Vierge. L'église fut bâtie sur le même emplacement et, en 1249, érigée en église paroissiale par Odon, archevêque de Rouen. Ce fut au portail même de l'entrée principale du monument sacré que fut placée la statue vénérée de Marie, afin qu'on pût la voir du dehors et qu'elle continuât d'attirer vers elle de pieux pèlerins.

Le concours des fidèles ne fit qu'augmenter. On y amenait les malades de fort loin. Des rois, des princes, des princesses suivirent l'élan qui entraînait les populations. Charles V y vint avec le dauphin son fils, en 1369, pour se mettre lui, et l'héritier du trône, sous la protection de Marie ; il y laissa de riches offrandes, avec des cierges qui brûlaient trois jours durant.

On y vit bientôt la reine de Bourbon et la princesse Isabelle ; puis, ce fut la trop fameuse Isabeau de Bavière et l'infortuné Charles VI, et plus tard la reine Marie, épouse de Charles VII, avec les enfants de France et nombre de personnages les plus notables du royaume.

Les trésors dont l'église s'était enrichie furent pillés par les Anglais en 1431. Le sanctuaire de Marie ne trouva pas même grâce devant les nouveaux maîtres de la France : il fut détruit de fond en comble, la statue miraculeuse échappa seule à leur fureur.

Mais honteux bientôt d'un pareil exploit, nos vainqueurs entreprirent quelques années plus tard de réparer leur faute par la construction d'une église beaucoup plus belle que la première ; ils se mirent à l'œuvre, bâtirent le chœur et une partie de la nef. Mais Dieu ne leur donna pas le temps d'achever leur œuvre. Battus par Charles VII, ils durent quitter Pontoise pour n'y plus rentrer. Ce furent des mains françaises qui terminèrent le monument ; et l'on eut bientôt occasion de s'en servir, avant qu'il eut reçu la consécration religieuse, pour la défense de la ville. On en fit une citadelle pour résister aux Anglais qui étaient revenus assiéger Pontoise et qui durent se retirer, grâce au courage des habitants. L'église fut consacrée en 1484 par l'évêque suffragant du cardinal d'Estouteville, archevêque de Rouen.

Notre-Dame fut dès lors en grande vénération, et ceux qui vinrent y prier y reçurent des grâces abondantes. La décoration intérieure ne répondait pas, paraît-il, à la magnificence de la construction, et l'église n'était pas riche. Ce fut pour lui procurer des ressources que le souverain pontife la désigna comme seule station du jubilé sémi-séculaire de l'année 1550 pour toute la province de Rouen. Cette insigne faveur attira à Pontoise un tel concours, qu'on parle de cent mille personnes qui l'auraient visitée dans la seule journée du 8 septembre, fête de la Nativité de Notre-Dame.

C'était le temps où les haines religieuses soulevées par le protestantisme étaient dans toute leur fureur, et la ferveur des catholiques exaspérait les sectaires. La statue de Notre-Dame adossée au portail de l'église fut victime d'un attentat qui émut profondément toute la ville. Un protestant fanatique brisa d'un coup de bâton la tête de l'enfant Jésus et la jeta dans l'Oise, au moment où il traversait le pont. Un filet s'y trouva heureusement tendu : le lendemain, on y retrouva le fragment sacré qu'on vint chercher processionnellement et qui fut remis à sa place à la grande joie des habitants. On eut un instant l'idée d'enlever la sainte image du portail pour la mettre dans l'église à l'abri de semblables profanations. Les archevêques de Paris et de Rouen qui se trouvaient alors à Pontoise dirent qu'il fallait laisser au lieu qu'elle avait toujours occupé Celle qui est appelée *Porta cœli* et dont l'image doit être à l'entrée de toutes les églises. On se rendit à leur désir.

Nous avons parlé précédemment du pèlerinage que fit la ville de Pontoise à Mantes, lors de la terrible épidémie qui ravagea en 1580 tous les environs de Paris. Beaucoup d'autres villes et villages suivirent cet exemple. On était venu de toutes parts à Notre-Dame de Pontoise en cette circonstance; on y avait compté un jour jusqu'à soixante paroisses accourues pour implorer la protection de Marie : le résultat de ces pieux pèlerinages avait été la cessation du fléau. Ce fut par reconnaissance et à l'instigation de ces exemples que les habitants de Pontoise se rendirent à Mantes, pour ne pas montrer moins de zèle que les populations qui venaient de si loin dans leur église.

Ces manifestations furent, hélas! les dernières pour l'église de Notre-Dame. Cinq ans plus tard, la ville de Pontoise où les ligueurs tenaient garnison fut assiégée par Henri III et par le roi de Navarre. L'église qui avait tenu tête aux Anglais, ayant été convertie cette fois encore en citadelle, n'eut pas le même bonheur que par le passé. Battue de toutes parts avec acharnement, elle s'écroula et ne fut bientôt plus qu'un monceau de ruines, au milieu desquelles on retrouva la statue miraculeuse qui fut transportée à l'abbaye de Saint-Martin.

Mais la destruction du sanctuaire matériel n'entraîna pas celle de l'édifice spirituel. La célèbre confrérie de Notre-Dame de Pontoise, fondée en 1284 pour les prêtres d'abord, avait pris une extension considérable ; elle avait admis bientôt dans son sein des fidèles de toute condition : elle comptait parmi ses membres les personnages les plus marquants du royaume et les rois de France eux-mêmes, qui faisaient porter leur cierge par un gentilhomme dans la procession de l'Assomption, jour de la fête principale. Louis XIV y assista lui-même en 1652, et la reine sa mère y porta son cierge et y fut accompagnée par ses dames d'honneur.

On n'avait pas attendu jusque-là pour relever le pieux sanctuaire. A peine Henri IV eut-il, par sa conversion, rendu la paix à l'Eglise et reconquis ses droits au trône, que Notre-Dame fut relevée de ses ruines, beaucoup moins belle toutefois que par le passé. Les malheurs du temps ayant épuisé toutes les ressources, on ne put construire que la modeste église qui existe toujours au même lieu. Elle fut consacrée le 16 avril, 1599 et la statue miraculeuse y fut replacée en grande pompe dans une petite chapelle à l'angle sud-est du nouveau temple.

Le jubilé de l'année 1600 eut, comme le précédent, Notre-Dame pour unique station. Un saint prêtre, Pierre de Bouves, était alors curé de cette paroisse ; il ne négligea rien pour remettre en honneur le culte de Marie, et les offrandes qu'il recueillit permirent de bâtir la tour et d'y placer des cloches. La gloire du nouveau sanctuaire, si modeste qu'il fût, allait surpasser bientôt celle de l'ancien, tant par l'affluence des pèlerins que par les miracles insignes que Marie devait y opérer. L'année 1630 fut à ce titre une date mémorable dans les annales de cette église. Le 18 juillet, un enfant mort-né, qui n'avait pas eu la grâce du saint baptême, fut apporté à Notre-Dame, et, en présence d'un peuple immense, fut rendu à la vie et aussitôt baptisé. Semblable prodige fut renouvelé le 27 août. Enfin le 24 septembre et le 4 décembre virent se reproduire les mêmes faits en présence de plus de trois mille personnes et sous les yeux d'André Duval, premier professeur de la Sorbonne, lequel a écrit l'*Histoire de Notre-Dame de Pontoise*. Les procès-verbaux de ces événements signés par une foule de témoins furent envoyés à l'archevêque de Rouen, qui ordonna qu'on chantât un *Te Deum* d'actions de grâces dans l'église signalée par de tels prodiges. La pieuse cérémonie qui eut lieu le 14 décembre fut l'occasion d'un nouveau miracle du même genre que les précédents, à cela près que l'enfant mort resta dans l'église tout le jour et toute la nuit, sans que les prières des fidèles fussent exaucées; mais le lendemain, à six heures du matin, il recouvrait la vie et recevait le baptême.

L'année 1631 est signalée par trois nouvelles résurrections opérées dans les mêmes circonstances et par le passage à Pontoise d'un religieux, le P. Lefebure, qui lui-même avait été miraculeusement rappelé à la vie cinquante-un ans auparavant, et qui, prêchant sur la puissance et les grandeurs de Marie, se présenta lui-même comme la preuve vivante de ses discours.

Dix années ne s'écoulent pas sans qu'on ait l'occasion de recourir, dans une calamité publique, à l'intervention de Notre-Dame. Une maladie contagieuse désole la contrée. Les habitants de Pontoise délibèrent et font vœu de placer une statue de la sainte Vierge sur chacune des portes de la ville, d'en donner une d'argent du poids de 600 livres à l'église de Notre-Dame et de faire brûler tous les ans trois gros cierges en son honneur. La formule de ce vœu, qui fut religieusement exécuté, a été conservée avec le programme curieux de la grande procession qui fut organisée au moment où la maladie fut en décroissance. Cette cérémonie attira plus de douze mille personnes à Pontoise.

La protection de Marie s'étendit sur toutes les paroisses environnantes qui l'invoquèrent. Qu'il suffise de citer celles de Houilles, de Pierrelaye, de Villiers-Adam, de Saint-Ouen-l'Aumône et d'Anvers, qui, toutes, voulurent marquer leur reconnaissance envers leur auguste libératrice par des vœux et des présents, auxquels s'ajoutèrent de nombreuses offrandes de la part des familles et des communautés.

En 1737, la pierre commémorative du vœu de la ville de Pontoise fut brisée par des mains impies.

L'esprit philosophique préludait ainsi aux fureurs qui allaient, un demi-siècle plus tard, livrer à la profanation la plupart de nos sanctuaires et couvrir la France de tant de deuils et de ruines. L'année suivante, un nouveau marbre remplaça celui qui avait été détruit, en même temps qu'une protestation solennelle exprimait, dans une procession publique, les sentiments religieux et la piété des habitants envers Marie. Le village de Saint-Ouen-l'Aumône fut encore, en l'année 1742, délivré du fléau de l'épidémie par l'intercession de Notre-Dame, à la suite d'un vœu par lequel il s'engagea à faire, pendant neuf ans, le pèlerinage de Pontoise et à donner tous les ans à l'église trois cierges de six livres.

Le sanctuaire fut fermé, après avoir été dévasté, en 1791. Tous les ornements sacrés, les vases, et les statues furent mis en vente; l'image miraculeuse fut achetée à un prix très-élevé par un pieux artisan, qui lui fit un oratoire dans un jardin où les fidèles vinrent prier secrètement pendant les mauvais jours.

Après la Terreur, quand les églises furent rendues au culte, le sanctuaire de Notre-Dame ne parut pas nécessaire à l'administration, qui trouvait que l'église de Saint-Maclou suffisait à la ville; il allait être mis en vente et démoli, quand il fallut céder enfin aux protestations et aux instances de tous les habitants qui voulaient garder le temple de Marie. L'artisan qui avait acquis la statue miraculeuse s'empressa de la rendre gratuitement, bien qu'il fût pauvre, et n'accepta que très-difficilement l'acte de reconnaissance publique par lequel la ville de Pontoise s'engagea à fournir tous les ans, à lui et à sa femme, trois setiers de froment.

La réinstallation de la sainte image eut lieu le 4 octobre de l'année 1800 : ce fut pour toute la ville un jour de fête et de sainte allégresse ; et la piété populaire ne tarda pas à se manifester, malgré le dénûment du sanctuaire qu'elle s'appliqua dès lors à réparer. Les pèlerinages et les processions reprirent leur cours ; et en 1838, second anniversaire séculaire du vœu de Pontoise, la fête de Marie fut célébrée avec une pompe extraordinaire, au milieu d'un immense concours de fidèles de la ville et des paroisses environnantes.

Notre-Dame daigna répondre par de nouvelles faveurs aux élans de la piété populaire. Un habitant de Houilles apporta devant la miraculeuse image le cadavre de son petit enfant mort sans le baptême le 9 mai 1840 ; le bras de Marie ne s'était pas raccourci : à la suite de longues prières, l'enfant ressuscita et fut baptisé. En 1849, le choléra ayant fait invasion dans la ville, on se rendit en procession à Notre-Dame, et le fléau cessa de faire des victimes.

Pontoise n'a pas cessé d'avoir une grande dévotion envers la très-sainte Vierge. Les pèlerinages à Notre-Dame sont plus que jamais en honneur, et l'on y vient de toutes les paroisses des environs.

Sur cette ligne de Paris à Creil, nous ne trouvons

plus rien à signaler, si ce n'est aux environs de Beaumont, au village de Maffliers, dans une chapelle à droite de l'église, une statue de la sainte Vierge qui est en grande vénération et qui attire chaque année de nombreux pèlerins.

En jetant les yeux sur la carte des environs de Paris, nous découvrons encore, en dehors de toute ligne de chemin de fer, sur la route de Pontoise à Magny et au delà de cette localité, un petit village perdu à l'extrémité nord-ouest du département de Seine-et-Oise. C'est là que vécut, au septième siècle, l'ermite saint Breuil, qui a donné son nom au village. On y vient beaucoup au jour de la fête patronale; et il y a de plus, dans la même église, un pèlerinage en l'honneur de saint Gilles, qu'on invoque surtout en faveur des petits enfants malades.

## Le pèlerinage de Drancy.

Si vous prenez, à la gare du Nord, le chemin de fer de Paris à Villers-Cotterets, vous ne tarderez pas à découvrir dans la plaine l'église d'Aubervilliers dont nous avons fait le pèlerinage, et quelques instants après vous arrivez à la station du Bourget et de Drancy. Ce dernier village est sur la droite, à une petite distance de la voie. Il y a là un pèlerinage qui n'a point à réclamer en sa faveur une haute antiquité, mais qui n'en est pas moins très-digne d'intérêt.

Il y eut bien autrefois, tout près de là, au Blanc-mesnil, une chapelle fameuse qui avait été érigée sous le vocable de Notre-Dame au temps du roi Jean, en l'année 1353. Elle fut même le centre d'une confrérie très-importante, celle des orfèvres et changeurs de Paris, fondée en 1403, avec permission et lettres patentes du roi. On y vint beaucoup en pèlerinage, surtout pendant le voyage de Charles VI dans le Berry et l'Auxerrois. Les Anglais, en 1448, emportèrent la cloche de la chapelle. Un orfèvre nommé Jean Lemaignan ne tarda pas à la remplacer, et donna, en outre, au sanctuaire une statue de saint Jean en bronze doré. Ses générosités furent imitées par les autres orfèvres, et la petite chapelle se trouva bientôt prodigieusement enrichie par les dons qu'elle reçut. C'était surtout aux fêtes de l'Annonciation et de la Conception de la très-sainte Vierge qu'il s'y faisait un concours très-considérable.

Mais de tout cela il ne reste plus que le souvenir. La Révolution ne pouvait négliger une si belle proie. Elle ne se contenta pas de piller la chapelle, elle la détruisit de fond en comble.

La très-sainte Vierge se plaît sans doute à être honorée en ces lieux, car voici qu'un nouveau pèlerinage et une nouvelle confrérie viennent de s'y établir. C'est une pensée de zèle charitable et de préservation chrétienne qui les a fait naître.

Il y a une trentaine d'années, de pieuses dames, touchées des périls auxquels sont exposées les jeunes filles placées en apprentissage dans une grande ville comme Paris, avaient formé, pour les y soustraire, l'œuvre des *Jeunes ouvrières,* qui fut érigée, en 1845, par le Souverain Pontife, en congrégation première avec de nombreuses faveurs spirituelles. Les jeunes associées, visitées dans leurs ateliers par les dames patronesses et réunies chaque dimanche, recevaient tous les encouragements propres à les maintenir dans la voie du bien, et la pieuse association avait pris un grand développement. A la suite de la proclamation du dogme de l'Immaculée Conception, l'œuvre fut placée sous la protection spéciale de Marie immaculée, aucun titre ne pouvant mieux convenir à une association dont le premier but est de conserver les jeunes filles dans la pureté, à l'abri des corruptions de la capitale.

L'église de Drancy fut choisie pour être le sanctuaire et le siége de la pieuse institution; une chapelle y fut érigée en l'honneur de l'Immaculée Conception par les soins de M$^{me}$ la baronne de Ladoucette, dont le château et le parc offraient aux jeunes filles une retraite délicieuse, chaque fois qu'elles quittaient Paris pour venir prier, s'encourager et s'entretenir dans la vertu aux pieds de l'autel de Marie. Il fut réglé qu'elles y viendraient en pèlerinage au moins deux fois chaque année, le dimanche dans l'octave de la Nativité de la sainte Vierge et le dimanche qui suit le 24 mai, fête de Notre-Dame Auxiliatrice. Elles y viennent nombreuses, ferventes et bien préparées, y font la sainte communion et retournent ensuite à leurs occupations avec des forces nouvelles pour marcher dans les sentiers de l'honneur et de la vertu. Le Souverain Pontife a accordé de nouvelles faveurs, des indulgences plénières à cette pieuse institution qui est toujours en pleine voie de prospérité, en dépit des rigueurs dont la guerre a accablé la pauvre église de Drancy. Dans la dernière invasion, les boulets français ou prussiens y avaient absolument tout détruit, sauf un tombeau de marbre blanc, celui où repose la fille de la généreuse fondatrice. La Providence qui avait veillé sur ses cendres si chères, semblait demander encore à la mère un acte de reconnaissance et de piété. Elle se hâta de l'accomplir en faisant relever l'église, le sanctuaire et la chapelle du pèlerinage.

Un peu après avoir quitté Drancy, on touche la forêt de Bondy, et l'on peut s'arrêter à la station de Sevran pour se rendre par Livry à la chapelle de Notre-Dame des Anges.

## Le pèlerinage de Notre-Dame des Anges.

Elle avait autrefois un mauvais renom et une triste réputation, cette forêt de Bondy, au milieu de laquelle s'élève, isolée et comme perdue dans les bois, la petite chapelle de Notre-Dame des Anges. Au dix-huitième siècle surtout, les crimes s'y multipliaient ; un voile lugubre et sanglant semblait planer sur elle, et le voyageur qui avait à traverser ces fourrés épais s'attendait à chaque instant à voir surgir devant lui la sinistre figure d'un brigand et luire dans l'ombre le canon d'une arme à feu. En des âges plus lointains, d'ailleurs, elle avait été le théâtre de bien des drames ; l'histoire avait conservé le souvenir des uns, les autres étaient oubliés dans leurs circonstances et dans leurs détails et n'en formaient pas moins un redoutable ensemble qui attachait l'horreur à ces lieux. C'était là qu'en l'année 673, un seigneur franc, pour se venger d'une insulte personnelle, avait assassiné le roi Chilpéric II ; là, qu'au treizième siècle, Aubry de Montdidier était tombé sous le fer homicide d'un meurtrier qui allait rester inconnu, lorsque, par un instinct merveilleux, le chien de la victime qui devait être le vengeur de son maître, fit connaître par des signes non équivoques quel était le criminel, combattit publiquement contre lui et l'étrangla en champ clos. C'est encore à une histoire de voleurs, arrivée dans cette même forêt quelques années avant, que tiennent les origines du pèlerinage et la fondation d'une chapelle qui allait voir fleurir bientôt la solitude de ces bois et les populations chrétiennes y accourir à flots pressés.

Voici le fait tel que le rapporte une ancienne légende dont le souvenir s'est conservé toujours vivant chez les habitants du pays. Au temps où régnait le roi Philippe-Auguste qui venait de terminer sa croisade contre les Albigeois, en l'année 1212, deux ans avant la bataille de Bouvines, trois marchands d'Anjou qui, ayant terminé leurs affaires, reprenaient le chemin de leur pays, avaient à traverser la forêt de Bondy. L'heure était très-avancée ; on s'était peut-être imprudemment attardé au village de Clichy pour y parler des gains et des profits de la tournée. Mais on était aux premiers jours du mois d'août, les nuits sont courtes et sereines ; et trois hommes robustes, habitués à voyager, se croyant assez forts pour se défendre, n'avaient pas à redouter outre mesure de traverser la forêt. Toutefois ils n'étaient pas à dix minutes du village qu'ils se virent tout à coup dans un lieu entièrement solitaire, enveloppés par une bande de voleurs contre lesquels toute résistance leur devient impossible. Ils furent en un moment dépouillés de tout ce qu'ils possédaient et s'attendaient à être égorgés par les brigands. Mais un tel meurtre ne pouvant être utile aux spoliateurs auxquels il suffisait, pour se mettre en sûreté, eux et leur butin, d'arrêter pour quelque temps les poursuites que leurs victimes pourraient faire diriger contre eux, le sort des trois marchands fut fixé autrement. On se contenta de les attacher étroitement et par des liens très-solides à trois chênes très-rapprochés, dont la place est aujourd'hui marquée par trois grandes croix de bois. A vrai dire, cet expédient ne valait guère mieux que la mort pour les trois malheureux, s'ils n'étaient promptement secourus, et ne leur laissait d'autre perspective qu'une affreuse agonie accompagnée de toutes les tortures de la faim, de la soif et de la chaleur.

Le village voisin, qui n'est encore qu'une toute petite bourgade d'une centaine d'habitants, se composait alors de quelques maisons à peine. On l'appelait, pour le distinguer de l'autre village du même nom situé dans la plaine aux portes de Paris du côté de Saint-Denis, le Haut-Clichy, en raison de sa situation sur une colline dans un site très-pittoresque, d'où l'on domine la capitale. Les deux Clichy avaient été donnés par les rois de France à l'abbaye de Saint-Denis, et l'acte de donation mentionne expressément ce dernier et le désigne sous le nom de *Clippiacum superius*. Il paraît que les gens du hameau, alors en très-petit nombre, ne se dirigeaient guère du côté où nos trois marchands avaient été arrêtés ; car ce fut en vain qu'ils appelèrent par leurs cris multipliés, toute la nuit et tout le jour d'après, quelque charitable passant qui pût venir briser leurs liens. L'écho des bois seul répéta leurs plaintes, et rien ne vint. Epuisés par leurs efforts, dévorés par une soif ardente, nos Angevins songeaient tristement au doux pays qu'ils avaient quitté, croyaient-ils, pour un temps bien court, et que maintenant ils désespéraient de revoir, — à leur foyer, à leur famille, à tous les chers objets de leur tendresse auxquels il leur fallait dire adieu pour toujours.

Cependant, vers la chute du jour, de la terre dont ils n'attendaient plus rien, ils se tournèrent vers le ciel, non-seulement pour recommander leur âme à Dieu, mais encore pour implorer le secours de la Vierge puissante qui est l'espoir et la consolation des malheureux. Ils s'engagèrent, s'ils étaient délivrés, à faire bâtir sur ces lieux mêmes un oratoire en son honneur. Ils n'avaient pas plutôt pris cet engagement, que la sainte Vierge leur apparut tout éblouissante de gloire et de clartés. Suivant une autre version de la légende, ce furent des anges qui descendirent des cieux à leur appel, ou peut-être la divine Vierge entourée des anges dont elle est la reine. Le fait ainsi conçu serait mieux en rapport avec le titre que porte encore la chapelle et qu'elle ne reçut toutefois que beaucoup plus tard. Toujours est-il que, dès ce moment, les liens qui les tenaient attachés aux chênes tombèrent, et les trois marchands se trouvèrent libres de leurs mouvements.

En même temps une source d'eau vive et pure avait jailli, et leur premier mouvement fut, en remerciant Marie de cette délivrance miraculeuse, d'y étancher la soif qui les dévorait. Après quoi, ils reprirent le chemin de leur pays et y arrivèrent heureusement.

Nos marchands ne pouvaient oublier ni la faveur céleste dont ils avaient été l'objet, ni la promesse qu'ils avaient faite. L'année suivante, l'oratoire était construit, et la statue de Marie portant son Fils entre ses bras était placée sur l'autel. L'évêque de Paris voulut témoigner sa vénération pour ce lieu où la mère de Dieu avait daigné apparaître, en s'y rendant lui-même et en bénissant solennellement la petite chapelle en présence d'une grande foule de fidèles attirés au nouveau sanctuaire par la renommée et l'éclat du miracle auquel d'autres faveurs signalées ne pouvaient manquer de succéder bientôt. L'évêque de Paris était alors Pierre le Chambellan, le même dont parle Rigard dans son *Histoire de Philippe-Auguste* et qui mourut plus tard sous les murs de Damiette, saintement comme il avait vécu, dans la tentative d'une croisade avortée.

La chapelle ne porta point d'abord le nom de Notre-Dame des Anges; la comtesse de Grandpré la fit appeler *Laus Nostræ Dominæ* [1] ou Notre-Dame du Laus, la louange de Marie étant bien le but véritable pour lequel elle avait été bâtie. Dès ce moment,

---

1. Voir Lebeuf, *Hist. du dioc. de Paris.*

les pèlerinages y furent fréquents, si multipliés et si nombreux bientôt, favorisés de tant de grâces, que les murs de l'oratoire se couvrirent entièrement d'*ex voto* que la reconnaissance des fidèles s'empressait d'y attacher, et que l'enceinte en parut, au bout de quelques années, trop étroite et trop modeste.

En 1260, sous le règne de saint Louis, au temps où l'art gothique laissait épanouir, sur le sol de la France, ses plus merveilleuses floraisons, un nouvel édifice dut s'élever sur cette terre bénie. Ce fut un monument digne de ceux qu'on savait construire alors. Les modestes proportions de l'oratoire firent place aux dimensions d'une véritable église pouvant contenir cinq à six cents personnes. Le maître-autel, un chef-d'œuvre longtemps vanté, était d'une grande richesse et n'avait rien à envier, comme grâce et comme élégance, aux plus belles créations de cette époque. Il était flanqué à droite et à gauche de deux chapelles fermées par des balustrades ; deux autres, non moins belles, s'ouvraient dans la nef. Il y avait, de chaque côté du portail, deux sacristies : l'une où l'on coupait le pain bénit, l'autre où l'on recevait les messes nombreuses que la piété des fidèles apportait au nouveau sanctuaire. Au pied des sacristies s'élevait un escalier par lequel on arrivait à une vaste chambre où l'on pouvait recevoir au moins cinquante pèlerins, et à la tribune où l'on chantait l'office. Des lustres étaient suspendus à la voûte et les murailles étaient, à l'intérieur, tapissées de tableaux, d'*ex voto* et d'ornements de tout genre. La fontaine miraculeuse n'avait pas été négligée dans la nouvelle construction; sous le chœur, un puits avait été creusé; il était masqué par une voûte, et la source s'en épanchait par un canal souterrain jusqu'au petit bassin arrondi qu'on voit encore, à droite de la chapelle, toujours plein d'une eau limpide et fraîche. Les chanoines de Saint-Martin de l'abbaye de Livry, déjà fondée dans le voisinage, eurent la desservance de la chapelle où les pèlerins ne cessèrent d'affluer.

En 1655, la construction du treizième siècle eut besoin d'une réédification presque complète. Les chanoines réguliers de la congrégation de France s'en chargèrent : le 14 septembre de la même année, la première pierre du monument fut posée par M. Némond, président à mortier; et, le 8 septembre 1664, la nouvelle chapelle put être bénite. Elle paraît dès lors avoir pris le nom de Notre-Dame des Anges qu'elle n'avait pas encore quelque cent ans auparavant; du moins l'historien contemporain de Mauburne, qui en parle alors, n'en fait-il pas mention. Il se borne à dire que la fontaine qui est en ce bois, voisine de la chapelle de la Vierge, guérissait de la fièvre.

Ce n'était pas seulement l'espoir de voir se réaliser quelque miracle qui attirait les pèlerins vers ce sanctuaire. Ces lieux, pleins de mystère et de recueillement, exerçaient un irrésistible attrait sur les âmes qui avaient besoin de la méditation et du silence pour retremper leur ferveur dans la solitude et dans le tête-à-tête avec Dieu. C'est de ce côté que M^me de Sévigné aimait à chercher un refuge contre les agitations du monde, comme on le voit dans une de ses lettres :

« *Livry, mardi saint,* 24 *mars* 1671. — Il y a trois heures que je suis ici, écrit-elle, dans le dessein de me retirer du monde et du bruit. Jusqu'à jeudi soir, je prétends y être en solitude. Je fais de ceci une Trappe. Je veux y prier Dieu, y faire mille réflexions. J'ai résolu d'y penser beaucoup. »

Cette même année, le curé de Clichy et les chanoines réguliers de Livry demandèrent et obtinrent l'établissement d'une confrérie sous le vocable de Notre-Dame des Anges. La fête en fut fixée au 2 août, jour où l'ordre de Saint-François célèbre, en l'honneur de la très-sainte Vierge invoquée sous ce titre, la fête de la Portioncule. De nombreuses indulgences furent, à cette occasion, attachées au sanctuaire qui n'en devint que plus cher aux fidèles et resta en grande vénération jusqu'aux jours néfastes de la Révolution. Il était, à cette époque, desservi par les Génovéfains. L'orage qui s'abattit sur les plus modestes églises aussi bien que sur les plus riches cathédrales, n'épargna point la petite chapelle de la forêt de Bondy. Les religieux furent dispersés; le terrain, avec les propriétés qui leur appartenaient, déclaré bien national, fut vendu au profit du district de Saint-Denis. Le château voisin de la chapelle resta debout; mais le pieux monument fut renversé de fond en comble. La statue vénérée de Notre-Dame des Anges put être soustraite aux fureurs de l'impiété, qui ne put s'en consoler qu'en frappant, dans sa haine aveugle, trois objets chers aux populations chrétiennes parce qu'ils étaient pour elles comme les témoins du miracle auquel se rattachaient les origines du pèlerinage. Les trois chênes séculaires étaient encore debout auprès de la petite fontaine; ils étaient en partie desséchés; cependant celui des trois que le temps avait le plus maltraité conservait encore une branche verdoyante dont les feuilles étaient cueillies par les pèlerins avec un pieux empressement. Ces arbres, vétérans de la forêt, tombèrent sous les coups de la hache révolutionnaire. Mais bientôt, en dépit de la Terreur qui régnait alors, se produisit une énergique protestation de la conscience chrétienne. A la place même où s'élevaient les trois chênes, trois grandes croix de bois furent dressées qui ont subsisté près d'un demi-siècle. C'était beaucoup pour ces jours de persécution, ce n'était point assez pour ceux où la paix devait être rendue à l'Eglise. A peine les premières manifestations du culte saint furent-elles permises, que le sanctuaire sortit de ses ruines; une chapelle nouvelle fut érigée. Ce n'était plus le luxe et la splendeur d'autrefois : une humble et chétive demeure abrita dans son enceinte la statue de Notre-Dame; mais les témoignages d'amour et de foi ne manquèrent pas au nouveau sanctuaire. Chaque année, à partir de l'inauguration qui eut lieu le **8 septembre 1808**, les vit se multiplier. A certaines époques surtout, tous les alentours de la sainte maison furent envahis; les allées ombreuses, les champs aux versants des coteaux suffirent à peine à contenir les voitures qui avaient amené les pèlerins; les boutiques où l'on vendait des objets pieux, les tentes où les rafraîchissements et les vivres étaient offerts aux voyageurs. En l'année **1844**, le petit séminaire de Paris et celui de Versailles se rendirent à Notre-Dame des Anges pour assister à la cérémonie du renouvellement des trois croix et à la réintégration dans la chapelle de l'antique légende écrite en lettres d'or sur un voile bleu conservé de temps immémorial et sur lequel on lisait :

### FONDATION
### DE LA SAINTE CHAPELLE DE NOTRE-DAME DES ANGES
### EN L'AN MIL DEUX CENT DOUZE.

« Trois marchands angevins passans en ce bois furent pris des voleurs et attachés en ce lieu à des arbres où ils demeurèrent un jour et une nuit. Se voyant en tel danger, se vouèrent à la sainte Vierge. Incontinent un ange les délivra, et en reconnaissance du bienfait receu, dressèrent un petit autel et y mirent cette image de leur bienfaitrice. Depuis, les miracles et guérisons y ont esté si fréquens et si grands que l'on a basti cette chapelle qui s'augmente de plus en plus par les pieuses libéralités des affectionnés pèlerins. »

Les murs de la chapelle furent bientôt couverts, comme par le passé, d'une foule d'*ex voto;* la statue elle-même en fut comme enveloppée. L'année 1854, à elle seule, ne compta pas moins de cent cinquante mille pèlerins. La gloire du sanctuaire de Marie allait toujours croissant; le propriétaire actuel du château qui en est voisin venait de l'agrandir en faisant construire la rotonde qui est au chevet, lorsque de nouveaux malheurs fondirent sur cet asile de solitude et de paix, qui se trouva tout à coup au milieu du fracas et des fureurs de la guerre.

Les Prussiens avaient choisi les hauteurs de Clichy comme un point stratégique d'où ils pouvaient avantageusement menacer la capitale. En vain le plateau d'Avron, tant que les nôtres en furent maîtres, couvrit-il la place de ses obus, rien ne put les déloger. L'ennemi se conduisit d'ailleurs assez mal envers le sanctuaire de Marie. Il en épargna les murs, mais ce fut tout. A l'intérieur, le pillage fut complet. Les chaises, les boiseries, les bronzes, les tableaux, tout a disparu, jusqu'au voile bleu de la légende qui avait été transporté au château avec d'autres bannières dont pas une n'est restée. C'est aujourd'hui, dans l'intérieur du pieux monument, un dénûment absolu qui fait peine à voir. Grâce à Dieu, la petite statue de la Reine des anges avait été mise en sûreté à Paris. Elle est aujourd'hui, sur un pauvre autel de bois, le seul ornement de la chapelle. Elle reste seule, mais elle suffit. La foi renaît plus vive que jamais, et l'élan des populations chrétiennes aujourd'hui pleinement ressuscité promet encore des jours de gloire au modeste sanctuaire.

La forêt de Bondy ne mérite plus d'ailleurs la terrible réputation qu'elle eut autrefois. Le pèlerin n'y court plus aucun risque de s'y égarer, d'y être égorgé ou dévalisé. La civilisation moderne a étendu sa main sur ces bois : elle en a bien quelque peu détruit le charme, en y traçant des lignes droites et des boulevards ; il y reste encore toutefois de longues et belles allées tapissées d'herbes et de mousse et des sentiers pleins d'ombre qui suffiraient à y appeler de nombreux promeneurs, si les âmes n'y étaient sollicitées par un attrait supérieur. Nulle part, en effet, la dévotion à Marie ne saurait être excitée par des émotions plus douces et par des sentiments plus profonds, qu'en ces lieux où, sous les ombrages de l'antique forêt, s'élève, au milieu du calme et de la solitude, cette pauvre chapelle. Le sanctuaire de Notre-Dame des anges est encore tout plein de souvenirs, et sa vue seule inspire au cœur le recueillement en enveloppant les esprits dans une atmosphère de méditations et de pensées supérieures au monde d'ici-bas.

FIN

# TABLE DES MATIÈRES

PAGES.

| | |
|---|---|
| Saint-Denis, le tombeau et la basilique | 5 |
| Le pèlerinage de Longchamp | 53 |
| Notre-Dame de Boulogne | 71 |
| Saint-Cloud | 83 |
| Le Mont-Valérien | 107 |
| La sainte tunique d'Argenteuil | 127 |
| Notre-Dame des Vertus à Aubervilliers | 165 |
| Saint-Maur les Fossés et Notre-Dame des Miracles | 183 |
| EN CHEMIN DE FER. — Notre-Dame de Bonne-Garde à Longpont et les pèlerinages du chemin de fer d'Orléans | 199 |
| Les pèlerinages de Paris à Versailles et au delà | 227 |
| De Paris à Saint-Germain | 233 |
| De Paris à Mantes | 237 |
| Le pèlerinage de Saint-Spire à Corbeil (ligne de Paris à Montargis) | 249 |
| Le chemin de fer de Paris à Creil et le pèlerinage de Notre-Dame de Pontoise | 255 |
| Le pèlerinage de Drancy | 273 |
| Le pèlerinage de Notre-Dame des Anges | 277 |
| TABLE DES MATIÈRES | 289 |

Le Puy, typ. et lith. M.-P. Marchessou, boulevard Saint-Laurent, 23.

www.ingramcontent.com/pod-product-compliance
Lightning Source LLC
Chambersburg PA
CBHW070824170426
43200CB00007B/899